Alida Bremer · Michael Krüger
Glückliche Wirkungen

Glückliche Wirkungen

Eine literarische Reise in bessere Welten

**Herausgegeben von
Alida Bremer und Michael Krüger**

Propyläen

2. Auflage 2017

Propyläen ist ein Verlag
der Ullstein Buchverlage GmbH
www.propylaeen-verlag.de

ISBN 978-3-549-07486-2

Lektorat: Tanja Ruzicska
Gesetzt aus der ITC Berkeley Oldstyle
Satz: L42 AG, Berlin
Druck und Bindearbeiten: GGP Media GmbH, Pößneck
Printed in Germany

Sein Jahrhundert kann man nicht verändern, aber man kann sich dagegen stellen und glückliche Wirkungen vorbereiten.

Johann Wolfgang von Goethe,
Brief an Friedrich Schiller vom 21. Juli 1798

Inhalt

Grußwort

Als vor mehr als 40 Jahren in Helsinki die Grundlagen für die heutige Organisation für Sicherheit und Zusammenarbeit in Europa gelegt wurden, standen sich in Europa zwei hochgerüstete Blöcke in Ost und West feindlich gegenüber. Damals erforderte es Mut und großes Vertrauen in die Macht des Dialogs, an die glückliche Wirkung eines solchen Zusammenschlusses zu glauben.

Heute ist der Kalte Krieg seit über 25 Jahren vorbei, nicht zuletzt als Folge des in Helsinki angestoßenen Entspannungsprozesses. Die OSZE ist ein einzigartiges Miteinander von 57 Staaten auf drei Kontinenten, die neben den Ländern Europas auch alle Nachfolgestaaten der Sowjetunion, die Mongolei, USA und Kanada versammelt.

Schon 1975 war hierbei der kulturelle Austausch Grundgedanke: Durch gegenseitiges Verstehen sollte Vertrauen entstehen, Barrieren überwunden und eine Annäherung nicht nur auf der politischen Ebene, sondern auch zwischen Gesellschaften und Kulturen möglich werden. Die OSZE förderte schon damals Übersetzungen, Verlagskooperationen oder den Austausch von Kulturschaffenden. Vermutlich war vielen Staatenvertretern zu diesem Zeitpunkt selbst nicht bewusst, welche soziale Kraft Kultur entfalten und wie groß die vertrauensbildende und verbindende Wirkung etwa von Literatur sein kann.

Aus diesem Grund bin ich den Herausgebern dieses Bandes, Alida Bremer und Michael Krüger, sehr dankbar, dass sie an diesen Aspekt der Annäherung zwischen Ost und West erinnern und das Wagnis dieser Anthologie mit Beiträgen aus allen

57 OSZE-Staaten auf sich genommen haben. Sie versammeln hier Länder, deren Literatur den meisten von uns weitestgehend unbekannt ist – ich denke nur an Kirgisistan oder Usbekistan –, und Sprachen, für die es in Deutschland nur wenige Übersetzer gibt, zum Beispiel das Mongolische.

Leitmotiv für die Beiträge der Autorinnen und Autoren war das Thema »Eine bessere Welt«, um deutlich zu machen, dass die Sehnsucht nach einer besseren und vor allem auch friedlicheren Welt eine universelle ist. Die literarische Umsetzung ist so unterschiedlich wie die Kulturen und Traditionen der 57 OSZE-Staaten. In dieser Vielfalt liegt der Gewinn. Wir sollten einander mehr von uns erzählen – von unserer Gegenwart, unserer Vergangenheit, unseren Hoffnungen und unseren Ängsten.

Dieser Gedanke, dass Dialog die Grundlage für Verstehen und Verstehen die Basis für Vertrauen und ein friedliches Zusammenleben ist, stand im Mittelpunkt des deutschen OSZE-Vorsitzes 2016. Gerade in einer Zeit des Missverstehens und der Konfrontation brauchen wir mehr Dialog und Verständigung, nicht nur zwischen Politikern, sondern zwischen Gesellschaften.

Ich bin davon überzeugt, dass wir über Kunst, Musik, Filme oder Literatur mehr voneinander lernen, neue Perspektiven entwickeln und Gemeinsamkeiten entdecken können. So kann Kunst die glücklichen Wirkungen entfalten, die wir in der heutigen Welt so dringend benötigen.

Berlin, im Januar 2017
Bundesminister des Auswärtigen, Dr. Frank-Walter Steinmeier

Albanien

Alida Bremer:
A wie Anfang und A wie Albanien. Beginnt unser Kontinent vielleicht dort, wo sich in der Straße von Otranto, vor der albanischen Mittelmeerküste, so viel Geschichte abgespielt hat? Und A wie Anthologie.
Unsere Blütenlese, lateinisch *florilegium*, griechisch *anthologia*, versammelt Antworten zu der Frage nach der Vorstellung von einer besseren Welt. Der Blumenstrauß des ehemaligen Priesters und Übersetzers Haxhimihali aus der Erzählung von Arian Leka sollte den Beginn einer neuen, freien Ära in Albanien kennzeichnen – eine schwierige Aufgabe.

Michael Krüger:
Albanien, das ist das Land der Skipetaren. Es ist ein durch die totalitären Ideologien des 20. Jahrhunderts besonders heftig gebeuteltes Land. »Wie konnte Gott zulassen, dass wir mit denselben Tränen lachen und trauern?«, fragt sich Haxhimihali. Es ist eine Frage nach der Rolle der Religion, die nach dem Ende der Ideologien noch keine befriedigende Antwort gefunden hat.

Arian Leka
Die Zelle aus Papier

Elegie

Dies ist die Geschichte von Haxhimihali, der, um aus seiner Heimatprovinz herauszukommen, in ein Priesterseminar eintrat. Heute, da er und die meisten seiner Zeitgenossen tot sind, wird er von einigen als faschistischer Priester bezeichnet, andere denken an den Tag, als er aus der Kirchenbibliothek verjagt wurde,

aber nur wenige erinnern sich an seine Anthologie. Sie war die
erste nach der Diktatur. Wir wussten damals weder, wie wir mit
Büchern noch mit Menschen umgehen sollten, die bis dahin für
uns weggesperrt waren.

Vielleicht wäre Haxhimihali ohne die atheistische Revolution
ein hoher Würdenträger geworden. Vielleicht einer der höchsten. Einer von denen, die Menschen wie du und ich nur aus dem
Fernsehen kennen. Damals war er noch jung. Aber sein wahrer
Schutzengel war weniger sein Alter, sein Gebet noch sein Glaube,
sondern seine Begabung, seine Fremdsprachenkenntnisse. Be-
gabten Menschen zahlte man es anders heim. Sie wurden gequält
und ausgenutzt, aber nicht ermordet.

Als er noch das Priestergewand trug, gewährte ihm jemand,
der hinter ihm stand, die Möglichkeit, zu lesen und sich dem
Übersetzen zu widmen, statt den Geheimnissen der Sünder im
Beichtstuhl zu lauschen oder in der Kirche Kerzen anzuzünden.

Dann kam das Jahr 1967 und mit ihm der Atheismus. Ich
glaube, den Kommunisten kam die Methode zupass, mit der der
Erzengel Adam aus dem Paradies vertrieb. Sie wurde auch gegen
Haxhimihali angewandt, als man ihn vor Gericht stellte. Er bekam 18 Jahre. Propaganda gegen die Volksmacht. Anfangs arbeitete er in Bergwerksstollen. Später wurde er Gehilfe in der
Gefängnisbibliothek. Nach Feierabend übersetzte er marxisti-
sche Schriften für Parteikader und einfache Kommunisten. Da er
einen erlesenen Geschmack hatte, gab man ihm auch Belletris-
tik. Bei der Prosa verbesserte er so manchen Absatz. Aber die
Poesie war so proletarisch, dass sie keine Änderung zuließ. Er
profitierte von der Amnestie, die nach dem Tod von Enver Hoxha
erlassen wurde, und als er freikam, gab man ihm Arbeit in seiner
Stadt. Totengräber, sagte man ihm auf dem Amt. Du gräbst in der
Erde. Hebst Gruben mit der Schaufel aus. Doch er wurde Gärtner im Botanischen Garten, wo Pflanzen, Setzlinge und Blumen
unter idealen Bedingungen wuchsen und mit Hybriden experimentiert wurde.

Der ihm das verkündete, wollte nicht erwähnen, dass sein Handwerk mehr mit Blumen als mit dem Umgraben von Erdreich zu tun hatte. Du wirst in der Baracke am Ende des Gartens wohnen und bittest um Erlaubnis, wenn du rausgehen willst, sagte er ihm. Mit dem Gespür der Menschen, deren Schicksal andere bestimmen, fühlte Haxhimihali Freude, als ihm diese Arbeit aufgetragen wurde. Menschen wie er starben gewöhnlich jung unter der Folter, wurden hingerichtet oder schmachteten noch immer in den Gefängnissen und übersetzten für den Bedarf junger Marxisten in der ganzen Welt.

Sobald er freie Zeit fand, pflückte er mit seinem erlesenen Geschmack Blumen kurz vor dem Verblühen und band sie zu Sträußen. Alles existiert, um zum Strauß zu werden, sagte er sich. Die Blumen erinnern sich an das Licht, das sie aufgenommen haben. Die Menschen erinnern sich an die Bücher, die sie gelesen haben. Florilegium mit Blumen. Sträuße mit Wunden. Florilegium mit den Arten zu foltern und zu töten. Tränen traten ihm in die Augen. Er dachte an Gott. Wie konnte er es zulassen, dass wir mit denselben Tränen lachen und trauern? Dass in den Grabes- und Geburtstagssträußen dieselben Rosen sind? Statt für Zellengenossen hebe ich Gruben für Bäume aus, sagte er sich. Nichts weiter.

In seiner Lage und seinem Alter glaubte er, dass Geschenke, die spät kommen, eine Verlängerung der Strafe sind, und deswegen kann uns niemand sagen, ob es die Blumen des Botanischen Gartens waren, die Haxhimihali den Vers von William Blake vor Augen führten:»To see a Heaven in a Wild Flower«, oder ob es die Tiere in den Käfigen des Zoos nebenan waren, die jener Bibelstelle ein anderes Leuchten verliehen, in der die Ankunft des himmlischen Königs durch die Vision prophezeit wird, dass der Wolf sich beim Lamm aufhält, das Kind mit der Schlange in ihrer Höhle spielt und der Löwe und das Rind gemeinsam goldenes Stroh fressen?

Nur wenn er mit einer Grube fertig war, hob er den Kopf und
sagte sich zweifelnd: Du bist noch im Gefängnis. Vergiss das
nicht! Irgendwo haben auch die Gärten ein Ende. Sie sind ein
Gefängnis im Gefängnis und du bist nur irgendwo an seinem
Rand. Sind die Zuchtrosen die Fortsetzung der Wildpflanzen im
Gefängnishof? Du hast ihn für keinen Augenblick verlassen. Das
ist ein abgekartetes Spiel! Hast du auch gut gearbeitet? Wo? An
den Gewächshäusern der hybriden Pflanzen? An den Käfigen der
eingesperrten Tiere? Was ist außerhalb des Gartens? Soll ganz
Albanien wie dieser Garten aussehen? Wurde ich vielleicht zur
Entschädigung für die Leiden und Wunden zu den Blumen ver-
setzt? Soll ich darüber froh sein? Ist das Glück?

Des Wechsels der Gefängniszellen, Gefängnisse und Internierungslager müde, sprach er im Botanischen Garten nie von seinen Lebensumständen. Er fürchtete, dass ihn jemand hören, be-
lauschen, beneiden und verjagen würde. Aus Angst, noch weiter
an den Rand des Gartens abgeschoben zu werden, setzte er sein
Wissen und die ihm verbliebene Kraft ein, um die Tatsache zu
verbergen, dass er sich dort wohlfühlte. Nicht einmal den Bäu-
men und den Pflanzen vertraute er das Geheimnis an, dass die
Blumenpflege, der Geruch der Zoo-Tiere und die Übersetzungen
von Poesie ihm Freude und Frieden verschafften. Bis zum Sturz
des Kommunismus lebte er in der Angst, aus diesem hybriden
Paradies entführt oder vertrieben zu werden ... Haben wir ihn
gestürzt? Ist er gestürzt?

Was mit anderen passierte, die aus den Gefängnissen und In-
ternierungslagern freikamen, wissen wir. Die weggehen konnten,
gingen. Über die, die geblieben sind, ist man hinweggegangen.
Haxhimihali blieb. Die wahren Gründe dafür wurden ihm nie
klar. Er ging nicht weg. Er blieb einfach nur da. Als ob er einem
Befehl gehorcht hätte. Er erstarrte. Wich zur Seite aus. Das ganze
Geschehen kam ihm wie ein Zufall vor. So erschien ihm auch der
Tag, an dem an seine Tür geklopft wurde. Die Gesichter kamen
ihm bekannt vor. Auch die Stimme, die zu ihm sprach. Aber weil

ihm seit langem schien, als erlebte er alles zum zweiten Mal, da
ihn die Gruben für die Bäume an die Gruben für Freunde, die
Stacheln der Rosen an den Stacheldraht, jedes Gesicht und jede
Stimme an einen anderen aus einer zurückgelassenen Welt erin-
nerten, und da ihm jeder irgendwie bekannt erschien – ob aus
der Zelle oder aus der Bibliothek, wo er Bücher an politische
Häftlinge auslieh – fragte er nicht, wer die Menschen vor seiner
Tür waren. Er war Befehle gewohnt und Aufträge nahm er
schweigend an. Schweigend hörte er auch dem Mann zu.
Der Mann sagte in bestem Albanisch, dass er ein Verleger aus
dem Ausland sei, der seine Übersetzungen schon lange kenne.
Haxhimihali war erstaunt, als er ihm mitteilte, Albanien stelle
sich bald mit einem Stand auf der Buchmesse in Frankfurt vor.
Zum ersten Mal nicht mehr als eine Diktatur, sondern als ein
freies und demokratisches Land. Deswegen möchte ich, dass Sie
Ihre Anthologie der albanischen Poesie fertigstellen, die Sie im
Gefängnis begonnen haben. Sie haben einen erlesenen Geschmack. Das ist bekannt. Treffen Sie eine Auswahl an Gedichten
und übersetzen Sie. Ergänzen Sie die Dichter, die Sie im Gefängnis übersetzt haben, um diejenigen, die damals nicht aufgenommen werden durften. Ihr Name wird nicht mehr verschwiegen,
wie es der totalitäre Staat praktizierte, der die Namen der verfolg-
ten Übersetzer nicht angab, sondern er erscheint im Titel. Verstehen Sie? Auf der ersten Seite.
    Florilegium, murmelte Haxhimihali vor sich hin, als er wieder
allein war. Anthologie, wiederholte er, als er die Barackentür
schloss. Dichtersträuße. Im Gefängnis hatte er die Dichter der
proletarischen Revolution und des Atheismus nach Norm übersetzt. Die anderen nicht. Er hatte gehört, dass seine Übersetzungen, wenn auch ohne die Nennung seines Namens, einmal in
Frankfurt präsentiert wurden. Sie waren der Beweis, dass auch
das kleine Albanien gute Schriftsteller hatte und dass der sozia-
listische Realismus als Schaffensmethode genauso erfolgreich
und siegreich wie der Sozialismus war.

Wie soll eine Poesieanthologie in einer Gesellschaft ohne Klassenkampf zusammengestellt werden? Wäre eine solche Anthologie ein Blumenstrauß, wie es die Etymologie definiert? Wäre es nicht besser, wenn die »anderen«, die in den Gefängnissen gefoltert wurden und verschwunden sind, die »nicht aufgenommen werden durften«, erst einmal für sich übersetzt und veröffentlicht würden? Oder waren sie schon zu lange in den Lagern und in ihren Zellen abgesondert gewesen? Wären diejenigen, denen der Strick beim Hängen die Halswirbelsäule brach, einverstanden, zwischen Buchdeckeln mit denen zu sein, die sich nach einer überstandenen Bedrängnis den Krawattenknoten lockerten? Habe ich das Recht, diejenigen, die den Befehl ›Feuer!‹ gaben, mit denen zusammenzufügen, die in ihren Gedichten feurige Worte schrieben? Ist es recht, dass diejenigen, die in der Kuppel des Kommunismus oben saßen und gestürzt wurden, mit denen zusammengestellt werden, die eine Kugel genau an jener Stelle ins Herz bekamen, wo sich die anderen Löcher für vergoldete Orden stachen? Würden sie sich wieder gefesselt fühlen, wenn auch nur mit Buchbinderzwirn in einem dicken Einband? Wie sollte ein zu dieser Anthologie passender Titel gefunden werden? Blüten und Dornen? Orden und Wunden? Ähnelt das Buch mehr einem Internierungslager oder einem Botanischen Garten voller idealer Blumen, unter denen ich lebe? Soll ich die Wahrheit stützen oder schaffe ich doch nur eine Utopie mit den Wörtern: Zusammenleben, Toleranz, Freiheit, Demokratie, unsere Helden und Märtyrer, die auf denselben Plätzen ertönen, wo früher Worte des Hasses dröhnten? Diese Zweifel begleiteten Haxhimihali in seiner Einsamkeit, bis er fertig wurde und die Anthologie einreichte.

Ich bin mir nicht gewiss, ob seine Anthologie aus Weisheit oder aus mystischer Inspiration, die neue Wahrnehmungstüren öffnet und Seelenfrieden schafft, entstand. Waren es die Blumen des Botanischen Gartens? Oder waren es die Tiere in den Käfigen, die dieselbe Rolle wie eine durch ein Sandkorn ausgelöste

Nierenkolik gespielt haben können, von dem William Blake sagt, dass wir darin eine Welt sehen. Man weiß es nicht.

Dass sein Ende nahte, wurde sichtbar, als er achtgab, langsam zu essen, gut zu kauen und ruhig zu schlucken. Er lebte so freudig und friedlich, wie das Herz eines Menschen, wie er einer war, es vertrug. Krankheiten und Tod nahm er als Tausch für ein langes Leben hin. Wenn er konnte, schenkte er ein Lächeln. Manchmal auch eine Umarmung. Er wurde wie Samen beerdigt. Es ist nicht bekannt, wer seine Grube aushob. Er hinterließ eine Notiz, dass an seinem Grab jenes Fragment gelesen werden solle, wo sich der Wolf beim Lamm aufhält, wo Löwe und Rind Stroh fressen und das spielende Kind die Hand ins Nest der Schlange legt. Es waren keine Verwandten von ihm beim Begräbnis. Er hatte keine mehr. Und auch keine Freunde.

Aus dem Albanischen von Zuzana Finger

Der Text wurde für diese Ausgabe leicht gekürzt.

Andorra

Michael Krüger:
»Die Philosophen haben die Welt nur verschieden *interpretiert*; aber es kommt darauf an, sie zu *verändern*« – diese Bemerkung fand man im Nachlass von Karl Marx, einem deutschen Philosophen, der auch sehr verschieden interpretiert wurde. Aber wo fängt man an? Am besten bei sich selber.

Alida Bremer:
In diesem Zwiegespräch zwischen Mensch und Welt – ich stelle mir vor, dass es auf dem Alt de Comapedrosa, dem höchsten Gipfel der Gebirgskette Coma Pedrosa in Andorra, stattfand – weist die Welt das Verlangen des Menschen nach einer besseren Welt zurück. Und sie scheint guten Grund dafür zu haben.

Albert Salvadó
Eine bessere Welt?

Ich besah mir die Welt und fand sie unvollkommen. Da sagte ich zu ihr:

»Keine Sorge, ich werde dich verbessern. Ich beseitige alle Mängel und verhelfe dir zu einer Vollkommenheit, wie du sie noch nie erlebt hast. Die Macht dazu hat mir Gott gegeben, als er mich zum König der Schöpfung ernannte, mich mit der höchsten Intelligenz ausstattete und mir zugleich eine Fähigkeit verlieh, die mich über alle anderen Lebewesen erhebt: Vorstellungskraft. Ich werde nichts dulden, das sich meinem Plan entgegensetzt, bis mein vollendetes Werk alle zum Staunen bringt.«

Die Welt schaute mich an und lächelte.

»Und wie willst du das anstellen?«

»Mit Hilfe von Wissenschaft und Technik. Dank der Wissenschaft kann ich alle Geheimnisse ergründen und dank der Technik Materie und Elemente beherrschen. Der Tag wird kommen,
an dem meine Kenntnisse so umfassend sind, dass mich nichts
mehr aufhalten kann, und dann werde ich meine gesamte Umge-
bung verändern, alles wird sich meinem Willen fügen, und es
wird perfekt sein.«

Die Welt lächelte auch noch, als ich meinen kleinen Vortrag
beendet hatte.

»Was sind das denn für Mängel, die du beseitigen möchtest?«

»Eine Menge!« Ihr unverschämtes Grinsen erboste mich. »Un-
wetter, Stürme, Überschwemmungen, Erdbeben, Wüsten, un-
durchdringliche Dschungel, wilde Tiere, giftige Pflanzen, Hitze,
Kälte ... Ich werde die Wüsten in Obstgärten verwandeln, Ur-
wald in fruchtbares Ackerland, Orkane in sanfte Brisen, Gift-
pflanzen in Gemüse, Hitze und Kälte in eine ideale Temperatur
... Weil alles unvollkommen ist!«

Da hörte sie auf zu lächeln und wurde sehr ernst.

»Du hast vergessen zu erwähnen, dass es auch noch Krieg,
Mord und Raub gibt, dass ihr Hunger leidet, obgleich ihr im
Überfluss lebt, und meine Bodenschätze plündert, die bald aufgebraucht sein werden, weil ihr drei Welten wie mich bräuchtet,
um euren Lebensstil beizubehalten, dass ihr zum Spaß tötet und
Gattungen ausrottet, die es seit eh und je gegeben hat, und es
euch nicht schert, wenn ihr das Wasser, die Luft und die Erde
verschmutzt, als gehörten die drei Elemente ganz allein euch. Wo
sind die immensen Regenwälder, die es früher gab? Wo sind die
Wildtiere, die dort in perfektem Gleichgewicht lebten? Du sagst,
ich sei unvollkommen? Nun, meine Gesetze sind nicht wie deine, sie können nicht übertreten werden und kennen keine Aus-
nahme; wenn du sie brichst, bekommst du irgendwann die Quit-
tung dafür. Wie kannst du es wagen, dich über sie erheben zu
wollen, während dir und deinesgleichen ständig die Angst im
Nacken sitzt, ihr unentwegt an die Zukunft denkt, an Krankhei-

ten sterbt, die ihr selbst erfunden habt, und Neid, Hochmut, Völlerei und die Sucht, immer mehr und mehr besitzen zu wollen, euch die Freude am Leben vergällen ...? Komm schon, Mann! Bring du dich selbst in Ordnung, und lass mich mit deinem Geschwätz zufrieden. Warum hörst du nicht auf, die Wissenschaft zu vergöttern und die Technik anzubeten, und fängst an, zu fühlen und in Harmonie zu leben?«

Sie grinste spöttisch, wandte sich ab und ging kopfschüttelnd und zungeschnalzend davon. Und ich stand da. Allein und trübselig. Und nachdem ich eine Weile überlegt hatte, fragte ich mich: Wieso bilde ich mir ein, ich könnte die Welt verbessern, wenn ich nicht einmal imstande bin, mich selbst zu verändern?

Aus dem Katalanischen von Petra Zickmann

Armenien

Alida Bremer:
Tatev Chakhian ist eine Meisterin der Ironie. In ihren Gedichten wissen ein Zirkus, der nie kommt, oder Kinder, deren Welt auf dem Kopf steht, viel über die Wirklichkeit eines Landes, in dem es kaum eine Generation gibt, die den Krieg nicht kennt.

Michael Krüger:
Armenien ist»steinig und trocken. Schreib Gedichte, damit das Leben sanfter wird.« Wahrscheinlich ist auch das nur eine Illusion, aber wir alle brauchen Illusionen, um das Leben erträglich zu gestalten.

Tatev Chakhian

Auf dem Hauptplatz der Hauptstadt

Auf dem Hauptplatz der Hauptstadt sind die Kinder aus dem Kindergarten geflüchtet, stampfen auf dem Boden auf und fordern einen Zirkus.

Die Bevölkerung fordert in einem offenen Brief an den Präsidenten, einen Zirkus zu bauen, mit ungiftigen Schlangen, Tanzbären und Tigern, die nicht beißen.

Selbstverständlich stoppt der Präsident sogleich alle Waffenkäufe und widmet das gesamte Verteidigungsbudget dem Zirkusbau.

Doch plötzlich beginnt wieder der Krieg, die Bauarbeiten kommen zum Erliegen. Die Massenmedien berichten über die Stadt ohne Zirkus, internationale Beobachter reisen an, schütteln ihre Köpfe und versprechen, sich der Frage anzunehmen.

Es kommen Abgesandte der Nachbarländer, aus entlegeneren Ländern wird angerufen und Mut zugesprochen. Man schickt

Schlangen, Bären und Tiger, die traurig in der Sonnenhitze der Stadt umherstreunen, in Erwartung, dass der Krieg bald endet. Und so fordert jede neue Generation in den ruhigen Zeiten der Waffenruhe gemeinsam mit den Schlangen, den Bären und den Tigern das Recht auf einen Zirkus ein, wenn der Waffenlärm schweigt, wenn nichts nie und nimmer explodiert.

Schlecht montiert

Wenn es um Krieg geht, beginnen alle Filme so: Die Kinder spielen Krieg im Hof, die Väter hängen sich aus dem Fenster und schauen zu, lassen in der Langeweile das Maul offen stehen, verdrehen die Augen und versuchen, im Geheimen Kriegshelden zu werden.
Die Söhne erzählen den Vätern ein falsches Märchen, die Väter trinken Löwenmilch, werden immer kleiner und versuchen ein wenig Krieg zu spielen. Nach dem Ende des einen oder anderen Kriegsfilms rufen die Kinder ihre Väter zurück vom Hof nach Hause.

Ein Hinweis von zu Hause: Schreib Gedichte! (Geschichte?)

Dein Land ist steinig und trocken. Schreib Gedichte, damit das Leben sanfter wird. Unser Präsident, der die Literatur angeblich liebt, pflegt nach dem Unterschreiben von Verträgen Verse zu schreiben, über die Einsamkeit, die Traurigkeit und – in verzweifelten Momenten – über seinen Abschied aus dem Amt ...
Die Opposition verflucht er stets und wir schreien im Chor. Der Verteidigungsminister sät die Saat des Krieges, um das Herz des erfolglosen Nachbarn zu erweichen, um die Bomben in Stille fallen zu lassen.
Der Präsident der Zentralbank liest Schlagzeilen über die Krise vor, der Journalist schreibt stehend Verse über die letzten Unfälle und jene Selbstmörder, die in ihren Jackentaschen Gedichte stecken haben.

Im Mauerschatten wird der Kälte und dem Hunger ein Akrostichon gewidmet: »Wenn das Leben sehr schwer wird, dann sei leicht, um leicht zu leben« und, ganz wichtig: »Wenn Du nicht weißt, wie über Völkermord, die Heimat und den Feind geredet werden soll, schreib einfach und unbedingt ein Gedicht, um die Geschichte aus den Büchern besser zu verdauen«.

Man muss nicht weiter davon reden, dass das Land einfach steinig ist, unwirtlich, gerade gut für Kühe, doch erzähle deinen Toten auf dem Weg, dass die Erde leicht sein möge.

Aus dem Armenischen von Herbert Maurer

Aserbaidschan

Alida Bremer:
Nermin Kamal verbindet – ähnlich wie andere Autoren dieser Anthologie – die Hoffnung auf eine bessere Welt mit dem Thema Bildung. Ein sehr bemerkenswerter Gedanke! So einfach und einleuchtend – und dennoch so schwer zu verwirklichen. Aber Nermin Kamal fügt hinzu, dass die Vernunft allein nicht ausreicht und dass es noch einer anderen Sache bedarf.

Michael Krüger:
»Unsere geschichtliche Entwicklung war nicht umsonst, im Vergleich mit der Vergangenheit leben wir in einer besseren Welt.« Wie lange muss oder wird es noch dauern, bis wir solche Sätze nicht mit Trotz, sondern mit Glück erfüllt sagen können?

Nermin Kamal
Wir sind in einer besseren Welt

Zwei Jahre vor dem Zusammenbruch der Sowjetunion war ich – Schülerin der 1. Klasse, ein bebrilltes Mädchen – unterwegs von der Schule nach Hause. Im Schulhof sah ich einen Klassenkameraden, der mit anderen Kindern Fußball spielte. Ich wollte ihn wissen lassen, dass ich ihn gesehen hatte. Dafür hätte ich ihn einfach mit dem Namen rufen können. Aber ich nahm stattdessen einen klaren Eiszapfen, der vom Dach gefallen war, und schleuderte ihn in seine Richtung. Ohne dass ich es gewollt hätte, traf er den Unglücklichen am Kopf und verletzte ihn schwer. Die Kinder scharten sich um ihn. Der Schuldirektor, ein Geschichtslehrer, kam zu mir, die an der Seite stand und das alles wie einen Film verfolgte, und sagte nur einen Satz: »Was soll das, wir gehen ins 21. Jahrhundert, und ihr schlagt einander die Köpfe ein!«

Unser Geschichtslehrer war in einer utopischen »Es bleibt wenig bis zum 21. Jahrhundert«-Stimmung. Menschen, die die Geschichte chronologisch lesen, fällt es schwer, in der heutigen Welt zu leben, lässt doch das Wissen über die dreitausendjährige Entwicklung früherer Generationen die Erwartungen an den heutigen Menschen steigen. Es erschüttert sie, mit ansehen zu müssen, dass die Menschen sich – wie in anderen Jahrhunderten der Geschichtsbücher – wie Wölfe zerfleischen, es der Geschichte nachmachen.

In der Tat, auch heute wird das Leben von Millionen in Armut, Krieg, Ungerechtigkeit, Bildungslosigkeit vertan. Aber unsere geschichtliche Entwicklung war nicht umsonst, im Vergleich mit der Vergangenheit leben wir in einer besseren Welt. Erstens haben wir es geschafft, in einigen Teilen der Welt kleine, menschenwürdige Umstände herauszubilden. Zweitens, unsere Worte, Begriffe und Werte haben sich entwickelt. Wir haben Werte erreicht wie Freiheit statt Sklaverei, Recht statt Sünde, Dialog statt Gebot, Hilfeleistung statt Ausnutzung, Zusammenarbeit statt Besatzung, Solidarität statt Zwietracht, Meinungsverschiedenheit statt Meinungseinheit, Sicherheit statt Blutvergießen, Umweltinteressen anstelle von Interessen eines Staates. Wir haben Wörter wie Sexismus, Rassismus und so weiter, um Übel wie Geschlechts-, Rassen- und ethnische Diskriminierungen zu bezeichnen, die die Menschheit nicht wenig Leid gekostet haben.

Unsere Gedanken und Wörter entwickeln sich fort, noch vor uns, und im geistigen Umfeld dieser Begriffe bewegen wir uns auf eine bessere Welt zu.

Die Welt hat viele Probleme. Um diesen Problemen zu begegnen, ist es wichtig, sich nicht in einem System mit senkrechten Strukturen zu fühlen, sondern in etwas Waagrechtem; die Welt zu einem besseren Ort zu machen ist keine Aufgabe, die von oben gestellt und von uns ausgeführt werden kann, es ist die Sache eines jeden von uns.

Genauso wie die Menschen Bildung und intellektuelle Entwicklung nötig haben, um die Welt zu einem besseren Ort zu machen, brauchen sie dafür auch emotionale Entwicklung. Vernunft und Sensibilität, die Reise des Kopfes zum Herzen und die des Herzens zum Kopf können die Welt zu einem besseren Ort machen.

Arme Menschen füttern nur die Tiere, von denen sie direkt profitieren können, sie wollen einer hungrige Katze, die an ihre Tür kommt, nichts zu fressen geben, weil sie denken, »Dieses Futter kann ich dem Huhn geben und morgen ein Ei bekommen, das ich essen kann«. Das ist eine durch Armut bedingte Denkweise. Eine Denkweise, die die Distanz zwischen Mund, Brot und Unterhaltung überwunden hat, ist nicht arm. Geistiger Reichtum zwingt den europäischen Menschen, daran zu denken, nicht nur sich selbst und seinen Kontinent, sondern die Welt zu einem besseren Ort zu machen.

Auch mein Geschichtslehrer lebt jetzt in einem westeuropäischen Land. Ist er auf seiner Suche nach dem 21. Jahrhundert dorthin gelangt, oder sucht er noch immer?!

Aus dem Aserbaidschanischen von Tinay Mushdiyeva

Belarus

Michael Krüger:
Aleś Razanaŭ fängt wie sein großer deutscher Kollege Georg Christoph Lichtenberg die ganze Welt in wenigen Zeilen ein:»Um wissen zu können, wohin du gehen sollst, musst du wissen, wo du bist.« Dieser Satz gilt auch für die, die schon über das Ziel hinausgeschossen sind.

Alida Bremer:
In diesen Aphorismen werden Gegensätze aufgespürt und die eigentümliche Dialektik untersucht, die sie verbindet. Niederlage kann zum Sieg werden, Glück und Unglück verhalten sich zueinander wie Innen und Außen. Wer durch die»Summe der Unmöglichkeiten« geht, erfährt ein ganz besonderes Zeitmaß: Die Vergangenheit ist unwandelbar, die Gegenwart ist immer im Wandel begriffen, und die Zukunft ist»frei von Unwandelbarkeit und Wandel.«

Aleś Razanaŭ
Die Summe der Unmöglichkeiten

Eine Idee ist eine Nachricht: Sie war schon am Ziel und ist zum Anfang zurückgekehrt, um nun die Tat mitzunehmen auf Pfaden, die sie alleine kennt.

*

Vergangene Ereignisse sind nicht dazu da, nachgeahmt oder kopiert zu werden (wozu auch, sie sind ja schon da?!), sondern dazu, sichtbar zu machen, dass es sie gibt und Errungenschaften möglich sind.

*

Das Ungute entspringt dem *Halbherzigen*: Wo ich nicht ausreichend gut bin, bin ich auch nicht verständig genug.

Vergeblich ist die Mühe, seine Fehler und Vergehen zu entschuldigen, selbst, sich für sie zu rechtfertigen, ist vergebens.
Lass los, fang an, werde neu, und alles, was dir eigen war, wird
abfallen und alles Verworrene sich lösen.

*

Potential ist innere Souveränität: Wenn sie erhalten bleibt, teilt
der Sieg den Sinn mit ihr, wenn nicht, verliert auch der Sieg seinen Sinn.

*

In jeder Niederlage lässt der Mensch einen Teil von sich, einen
Teil, mit dem er seinem Wesen nach verbunden ist und den er
nicht einfach so veräußern kann.
Aber eine Niederlage, in der er gänzlich von sich lassen kann,
ist ein Sieg.

*

Die Vergangenheit ist belegt: In ihr ist nichts zu verändern oder
abzuwandeln;
die Gegenwart ist beschäftigt und nimmt noch Gestalt an: In
ihr ist alles im Wandel, in Bewegung, im Kampf um den Platz an
der Sonne;
allein die Zukunft ist stets frei – von der Unwandelbarkeit und
vom Wandel.

*

Ein Zuwenig an Kraft ist eine Last, ein Zuviel belastet.
Das eine verlangt nach einer Stütze, das andere nach Widerstand, und die Kraft verlangt nach Gleichgewicht.

*

Schöpferische Menschen stehen immer in Opposition zum System, aber in einer speziellen Opposition, nicht um 180, sondern
um 90 Grad.
Es ist die Opposition der Vertikale zur Horizontalen, und sie
ist auf ihre Art grundsätzlicher und radikaler als voneinander
geschiedene, einander gegenüberstehende politische Ordinaten.

*

Das Glück ist sehend und blind: Es sieht die Erscheinung, sieht aber nicht, was sie verhüllt.

Auch das Unglück ist sehend und blind, nur umgekehrt: Es sieht nicht die Erscheinung an sich, sieht aber das, was sie verhüllt.

*

Das Streben ist ein in die Zeit gelegtes Tun. Wie Baron Münchhausen sich an den Haaren aus dem Sumpf gezogen hat, kann sich der Mensch am Streben, wenn es weiß, wohin es strebt, aus seinen Verhältnissen ziehen.

Streben heißt, sich sein Erbe erwerben im Kommenden.

*

Alle Wege, wie sie auch heißen mögen, führen bis zu einer Grenze. Sie sind Hinführungen, zum Gipfel gibt es keinen Weg.

Der Gipfel ist im Menschen selbst und er kann ihn nur selbst ersteigen. Aber der Aufstieg findet keinen Abschluss, denn mit ihm steigt auch der Gipfel auf.

*

Wo sich die Anstrengung sammelt, sammelt sich das Hemmnis, aber wo sich das Hemmnis sammelt, sammelt sich auch der Ausweg.

*

Eine einzelne Unmöglichkeit ist nur eine Unmöglichkeit.

Aber die Summe der Unmöglichkeiten lässt einen neuen Stand der Dinge zu Tage treten: die Möglichkeiten.

*

Wir lernen aus Fehlern? Mag sein. Aber nicht Fehler lehren die Wahrheit, sondern die Wahrheit selbst.

*

Um die Erscheinungen von Nahem betrachten zu können, rüsten wir uns mit Vergrößerungsgläsern aus.

Aber je mehr wir aufrüsten, desto ferner rückt uns die Nähe und desto größerer Vergrößerungsgläser bedürfen wir.

*

Unvermittelt stand ich in einem fremden Wald. Es begann zu dunkeln, Bäume verstellten mir den Weg, und ich wusste nicht, in welche Richtung ich mich wenden sollte, um zum Schloss zu gelangen. In den Eigenheiten der Landschaft, in den Windungen der Wege, im Zusammentreffen der Umstände suchte ich hastig nach Hinweisen, die mir helfen könnten, zu bestimmen, wo ich war. Allmählich zeichnete sich etwas ab, fügte sich etwas zusammen, und als mir endlich aufging, wo ich war, wusste ich auch sogleich, wohin ich gehen musste. Eine einfache Regel, die ständig neu verinnerlicht sein will, und doch nie gänzlich zu verinnerlichen ist: Um wissen zu können, *wohin* du gehen sollst, musst du wissen, *wo* du bist.

Aus dem Belarussischen von Thomas Weiler

Dieses Fragment ist dem Buch *Suma nemahčymascjaŭ. Znomy* (*Die Summe der Unmöglichkeiten. Gesinne*) entnommen, erschienen 2009 bei Lohvinaŭ (Minsk, Belarus).

Belgien

Alida Bremer:
Der Brüsseler Bezirk Molenbeek ist als eine Hochburg des Islamismus bekannt. Hier, wo »totes Wasser in alten Bleirohren singt«, lebt Nuria, die in Brüssel Jura studiert und stolz auf ihren belgischen Pass ist. Doch ihre Schwesterliebe macht sie zu einer Antigone, der berühmten tragischen Gestalt der treuen Schwester aus dem altgriechischen Drama. So hilft uns die Literatur, über alle Grenzen hinweg wahrzunehmen, was wir lieber verdrängen wollen.

Michael Krüger:
Wir sind nicht gleich. Unsere Chancen sind sehr verschieden, die Asymmetrie unter Menschen wie unter Ländern nimmt zu. Einer sagt: Beweg dich, damit man dich sieht! Stefan Hertmans sagt das Gegenteil: Beweg dich so wenig wie möglich, dann sieht der Tod dich nicht.

Stefan Hertmans
Antigone in Molenbeek

(Fragment)

Über die Dächer Alt-Molenbeeks fliegt ein Schwarm Gänse.
Helle Wolken, der Geruch von Regen am Morgen,
Auf einmal blasses Streiflicht, ein Gefühl vager Hoffnung
Zwischen tiefhängenden Wolken, trügerisch und verführerisch,
Denn die Straßen erwachen.

Der junge Obstverkäufer hat seine Waren aufgebaut.
In den Straßencafés erwachen an feuchtkalten Tischchen
allmählich und tastend

Augen, Münder, Hände.
Der alte Möbelhändler ist verzogen.
Eine Press-Spanplatte verhehlt
Die Abwesenheit mit blauem Graffiti.
Seine Tochter
Verließ das Zuhause, als der Bruder
nicht mehr wiederkam.
Sein Handy ...
Sie hat es noch.
Manchmal ruft sie jemanden an,
Den es nicht mehr gibt.
Schweigen am anderen Ende der Leitung.
Oder wird das Telefon noch immer abgehört?
In einem winzigen und überhitzten Büro?
Wo ist ihr Vater hin?

*

Es ist zu früh für den Gänsezug.
Der warme Winter hat die innere Uhr der Vögel durcheinander-
                                                        gebracht.
Wind wirbelt Plastik durch die Straßen; kleine
Engel, durchscheinend und schmutzig.
Der riesige Flatscreen des Dürüm-Ladens leuchtet auf;
Erst gibt es gar kein Bild, dann plötzlich eine ganze Welt.
Explodiert und senkt sich wie Zucker auf den ersten Tee und
                                                        Kaffee.
Ein Mädchen radelt durch die Straßen, auf dem Weg zu ihrer
Klasse, dort hinter der großen Kurve.
Phantasie pfeift ihr hinterher, sie fährt
An Autos mit Strafzetteln vorbei, glitzerndes
Gerümpel ragt aus einem offenen Kofferraum.
Der Kleiderverkäufer hängt eine Reihe von Blusen neben eine
                                                        Reihe von Schals.

Die Tochter des Möbelhändlers hat es nicht eilig,
Dennoch scheint sie durch die stille Straße zu sausen.
Ein Reporter fragt sie auf Englisch
Warum sie nicht über ihren Bruder reden möchte.
Er hält ihr ein Mikrophon direkt vors Gesicht.
Die Kamera zoomt auf sie ein,
Sie blinzelt,
Schüttelt den Kopf, macht
Eine abwehrende Geste.
Sie hüpft vom Bürgersteig,
Überquert die Straße.
Aus einem Auto schallt Musik.
Die Sure 5:32 in einer schrillen Version mit wummerndem
                                             Synthesizer.

                        *

Da ist die Polizeiwache.
Sie weiß: Ich werde erwartet.
Sie hatte sich zu einem Gespräch angemeldet, schon vor
                                             Wochen,
Doch warum will sie jetzt, wo es für alles ohnehin zu spät ist,
Noch wiederhaben,
Worauf sie ein Anrecht hat.

Sie kennt den Polizisten, sie weiß, dass man ihn für einen
Anständigen Menschen hält, der es eigentlich gut mit ihnen
                                             meint.
Nur: Er schielt derart furchtbar
Mit den hellgrauen Augen über dem gelbgrauen Schnurrbart,
Dass sie sich kaum konzentrieren kann oder möglicherweise
                                             nicht sieht,
Was er sieht. Oder was er nicht sieht.

Nuria studiert Jura in Brüssel;
Sie ist stolz auf ihren belgischen Pass.
Für den heutigen Termin hat sie sich
Etwas geschminkt;
Der Polizist mag das.

Die Tür öffnet sich nach außen, sie muss zwei Stufen hinauf,
                   und
Sich im Gang auf einen Stuhl setzen, schon wieder die
                 besorgten Gesichter
Über den fast reglosen Körpern.
»Beweg dich so wenig wie möglich, dann sieht der Tod dich
                 nicht.«
Die Blicke folgen ihr, während sie zur Tür geht,
Rechts hinten im Flur, unterwegs zu einem tiefen Loch
In ihrem Gedächtnis.

»Guten Tag, Nuria.«
»Guten Tag, Herr Polizist.«
»Setz dich, Nuria.«
»Danke, Herr Polizist.«
»Wie geht es dir, Nuria? Und deinem Vater?«
»Mir geht es gut, Herr Polizist. Vielen Dank, Herr Polizist.
Mit meinem Vater geht's leider nicht so gut.
Ich habe nichts von ihm gehört.
Er ist dorthin gefahren,
Wo es passiert ist, Herr Polizist.«

Das Radio läuft. Die zahllosen Toten im Sand,
Das Beben der zerstörten Städte,
Fundamente, Staub und Blut,
Gellende Sirenen.
Die Börsennachrichten.
Und dann die Fußballergebnisse des

siegreichen Provinzclubs Zulte Waregem
Mit einem kurzen Bericht unseres Reporters vor Ort.
Lautes Gejubel, dann noch etwas Werbung.
Das Radio wird ausgeschaltet. Totes Wasser singt
In alten Bleirohren.

Herr Crénom, der Polizeibeamte der örtlichen Wache, blättert
in den Papieren.
Stapelt einen kleinen Stapel auf einem Stapel neben einem
anderen Stapel.
Faltet die Hände und schaut Nuria an.
Sieht, wie ihn die junge Frau voll banger Erwartung,
Händeringend und ängstlich anstarrt.

Aus dem Niederländischen von Ira Wilhelm

Dieses Textfragment ist dem Theaterstück »Antigone in Molenbeek«
entnommen, uraufgeführt in Amsterdam, Juni 2016.

Bosnien und Herzegowina

Michael Krüger:
Rückwärts geht nicht, behauptet Bekim Sejranović. Wollen oder müssen wir ihm glauben? Und wenn nur vorwärts, geht es dann ein wenig langsamer, ruhiger, entspannter, damit wir Zeit haben, das noch einmal anzuschauen, was gleich für immer hinter uns liegt?

Alida Bremer:
Der Autor, der als junger Mann wegen des Krieges Bosnien und Herzegowina verlassen musste und der als Flüchtling in Kroatien und in Norwegen lebte, treibt in der Heimatlosigkeit seines Lebens auf einem symbolischen Schiff dahin, getragen von einem Fluss, der unaufhaltsam in die Zukunft strömt. Oder ist dieses dahintreibende Schiff sogar eine autobiographische Tatsache?

Bekim Sejranović
Dein Sohn Huckleberry Finn

Wer sein Heimatland liebt, ist ein zarter Anfänger; wem jeder Fleck so viel bedeutet wie der heimische, ist stark; vollkommen ist aber jener, dem die ganze Welt ein fremdes Land ist.

Hugo von St. Viktor, 12. Jahrhundert

(...)

Am Fluss taucht der Morgen als Dampf aus dem Wasser auf und steigt in den Himmel, so langsam wie eine Seele, die einen neuen Lebenszyklus beginnt. Zunächst sind kleine Singvögel zu hören: Nachtigallen, Amseln, Meisen, Stieglitze, Rotkehlchen, später erwachen auch die größeren, krächzenden Vögel: Elstern, Krähen, womöglich auch Raben. Sobald das Krächzen erklingt, setzen

auch die Save-Möwen zum Tiefflug über den Fluss an und stoßen von Zeit zu Zeit einen Schrei aus. Störche und Graureiher
machen nicht so viel Lärm, aber du kannst hören, wie sie mit
ihren großen Schnäbeln klappern und in der Luft mit den Flü-
geln schlagen. Zu hören sind auch die Raubfische, vermutlich
Hechte, die im seichten Wasser ihr Frühstück jagen. Häufig sind
auch die Fischer zu hören, die mit einem »Wobbler« an der Wasseroberfläche arbeiten, um die Ruhe des alten und fetten Welses
zu stören und ihn dazu zu bewegen, sich aus dem Schlamm zu
lösen und anzubeißen. Bist du in der Nähe eines Hauses oder
Dorfes, kannst du auch die Hähne hören, sie klingen immer ein
wenig heiser, als wären sie unausgeschlafen oder hätten einen
Kater, als hätten sie die ganze Nacht gefeiert und nicht etwa im
warmen Hühnerstall geschlafen.
Der Fluss überträgt das Echo der Vielfalt des Lebens wie ein
Klangtunnel von hoher Resonanz. Während die anderen schlie-
fen, lauschte ich die ganze Nacht dem Gespräch der Angler, sogar in der Entfernung von einigen Kilometern stromauf oder
stromab von unserem Schiffchen, und dann überlegte ich, dass
eigentlich alles, was du siehst oder hörst bereits unwiederbringlich vergangen ist.
Kaum bist du dir deines eigenen Lebens bewusst geworden,
bist du schon weg.
Wenn der Fluss als Dampf allmählich zum Himmel aufsteigt
und wenn die Vögel wie ein philharmonisches Orchester einge-
spielt ihr Morgenkonzert zum Besten geben, errötet der Himmel
im Osten allmählich. Anschließend wird, wie auf einer richtigen
Theaterbühne, die Musik stufenweise immer lauter und heftiger,
die Kulissen werden in Licht getaucht, und schon ist das erste
Stück der eigentlichen Herrscherin unseres Lebens zu sehen, der
ältesten Gottheit der Menschen, ihrer Majestät der Sonne. Nach
einer gewissen Zeit explodiert der orange Glanz und ergießt sich
über den ganzen Osten, augenblicklich verschwindet der Dampf
von der Wasseroberfläche, nach einem letzten Crescendo ver-

stummen die Vögel schließlich, alles wird klarer, und ein neuer Tag beginnt. Der neue Zyklus des Lebens setzt ein, und zugleich setzt er sich fort.

Jeder Tag ist sowohl gleich als auch anders.

Wenn du das erkannt hast, ist es für dich ein Stück leichter zu leben und zu sterben.

Dann, wenn die Sonne endlich klar hervorgetreten ist und wenn die Vögel verstummen und wenn der neue Tag beginnt, vollführe ich mein Ritual auf dem Schiffchen. Zuerst springe ich nackt in den Fluss, um richtig aufzuwachen. Man muss vom Bug springen, denn wenn wir vor Anker liegen, trägt einen der Fluss schnell davon, und wenn die Strömung stark ist und du unvorsichtig bist, schaffst du es nicht mehr zum Schiffchen zurückzuschwimmen. Dann bleibt dir nichts anderes übrig, als dich auf den Rücken zu drehen und dich treiben zu lassen, oder, wenn du noch Kraft hast, zur nächsten Stelle am Ufer zu schwimmen.

Nach dem morgendlichen Baden verrichte ich meine Notdurft, wobei ich mich am Heck anhalte, so dass die Strömung alles davonträgt. Anschließend klettere ich auf das Schiffchen, trockne mich in der Sonne, lichte den Anker, lasse zu, dass der Fluss uns ein Stück weiter trägt, weil ich nicht den Motor anlassen möchte, um Moku, Petter, die Mädchen und das Hündchen nicht aufzuwecken.

Ich wache immer als Erster auf, ganz egal wo und mit wem ich bin.

Nach einer Zeitlang lasse ich den Motor doch an, aber auch dann wachen sie nicht auf. Zumindest zeigen sie es nicht. Erst später, wenn ich eine neue Anlegestelle finde, und wenn sie den Duft von Kaffee, Tee und gebratenen Eiern riechen, wachen sie nacheinander auf, reiben sich die Augen, gehen ans Ufer, um ihre Notdurft zu verrichten, kommen wieder zurück, schweigen und sind ein wenig missmutig. Danach lasse ich üblicherweise den

Motor anspringen, fahre bis zur Mitte des Flusses, mache den Motor wieder aus, so dass die Strömung uns nach ihrem Belieben davontragen kann.

Moku macht Yoga auf dem Kajütdeck, Petter bereitet das Mittagessen zu, und ich steuere mit dem Ruder, damit die Strömung uns nicht ans Ufer spült.

Und das ist alles.

So wie das Leben. Die Strömung trägt dich, und du zappelst ein wenig, mal nach links mal nach rechts, sie aber, die Strömung des Lebens oder des Wassers, zieht dich dennoch immer vorwärts. Rückwärts geht nicht.

Dennoch ist alles irgendwie gleich.

Der gleiche Fluss, der gleiche Wald, der gleiche Du.

Aus dem Bosnischen von Mascha Dabić

Dieses Romanfragment ist dem parallel in norwegischer und in bosnischer/kroatischer/serbischer Sprache verfassten Buch *Din sønn Hucklberry Finn/Tvoj Sin Hucklberry Finn*, entnommen, das 2015 in Norwegen bei Bokvennen (Oslo) und in Kroatien bei VBZ (Zagreb) erschien.

Bulgarien

Alida Bremer:
Das Gefühl, das der bulgarische Schriftsteller Georgi Gospodinov beschreibt, kennen viele Osteuropäer sehr gut: Die Wende, die in diesen Ländern nach dem Zusammenbruch der sozialistischen Gesellschaftsordnung vollzogen wurde, war vielversprechend. Kein Wunder, dass man an eine glänzende Zukunft glaubte. Doch »jetzt ist diese Zukunft aufgebraucht«. Worauf wollen wir uns am Ende aller politischen und aller anderen Illusionen besinnen?

Michael Krüger:
Fortschritt ist, dass wir beim Zahnarzt keine Schmerzen mehr erdulden müssen!

Georgi Gospodinov
Future cancelled

Ehrlich gesagt ziehe ich die Vergangenheit der Zukunft vor. Die Zukunft ist mein Schwachpunkt, für die Vergangenheit habe ich eine Schwäche. Ich will mich nicht in Spekulationen darüber ergehen, welchen Aufschwung die Nanotechnologie nehmen wird, ob wir Kolonien auf dem Mars errichten oder uns innerhalb der nächsten zwanzig Jahre teleportieren werden. Literatur und Film haben die Zukunft ausgereizt. Und jetzt ist es so, als hätten wir sie bereits gelebt. Was auch kommen mag, für uns wird es ein Déjà-vu sein.

Was ist eigentlich aus der Zukunft geworden? Das ist doch mal etwas, worüber es lohnt, sich den Kopf zu zerbrechen. Die Vergangenheit war voller Zukunft. Jedenfalls verfügten wir damals über mehr Zukunft als heute.

Vor gerade einmal zwanzig bis dreißig Jahren, eine Zeit, an die ich mich noch persönlich erinnern kann, waren die Zukunftsressourcen beinahe unbegrenzt. Ein wahrer Überfluss an Zukunft – besonders an politischer. Das System veränderte sich vor unseren Augen, versprach ein schönes Leben, offene Grenzen, neue Regeln … und das binnen kürzester Zeit, schon heute oder morgen. Interessant ist unser damaliges Gefühl für die nahe Zukunft. Auf den öffentlichen Plätzen von 1989 und 1990 konnte man folgende Dialoge hören:
»Wie lange wird es jetzt wohl dauern, bis alles ins Lot kommt?« –»Bestimmt ein, zwei Jahre«, vermutete ein Freund schüchtern.»Vielleicht auch ganze fünf«, sagte ein anderer und wurde sofort ausgepfiffen.»Klar doch, noch mal fünf Jahre warten, jetzt reicht's aber mit diesen Fünfjahresplänen!«

Die Zukunft hat sich einen schönen Spaß mit unserem Zukunftsgefühl gemacht. Aber wichtiger für uns war, dass wir sie bereits erdacht, die Jahre im Voraus verplant hatten. Zumindest in einer nahen biographischen Zeit. (Wozu brauchen wir eine historische Zukunft außerhalb unserer biographischen Zeit?) Jetzt, mehr als zwanzig Jahre später, ist diese Zukunft aufgebraucht. Und keine politischen Illusionen – ob nun nur für ein, zwei oder auch fünf Jahre – sind mehr möglich. *Future cancelled.*

Außer der politischen erwies sich auch ein großer Teil der übrigen prognostizierten Zukunft als trügerisch. In der Medizin – kleine Misserfolge: Die tödlichen Krankheiten von vor zwanzig Jahren sind auch heute noch tödlich. Bei der Unsterblichkeit oder zumindest jenen unbedeutenden hundert bis hundertfünfzig Jahren Standardlebenserwartung, die für die Futurologie früher einmal so gut wie feststanden, haben wir ebenfalls auf Granit gebissen. Auch im Kosmos hinken wir ein wenig hinterher. Nach dem Ende des Kalten Krieges scheint er in den Hintergrund getreten zu sein. Die interplanetaren Linienflüge, die fast sicher schienen, haben noch nicht stattgefunden.

Ohne dass wir dessen gewahr wurden, ist etwas anderes geschehen. Der Zukunftsvorrat ist unmerklich zur Neige gegangen. Und während früher die Vergangenheit voller Zukunft war, stehen wir jetzt am Rand einer sackgassengleichen Gegenwart, ihrer Zukunft beraubt, wenig verlockend, sinnentleert. Eine Zukunft, die uns nicht dazu bringt, sie zu erdichten, sie uns auszudenken, sie zu erwarten. Denn uns erwartet nichts sonderlich Gutes dort, global gesehen. Im Gegenteil, dort lauern Krisen – wirtschaftliche, die Rohstoffe betreffende, ökologische, ethnische, religiöse ... Und jene immer augenscheinlichere Sinnkrise. Die Technologien, die Finanzen, die Medizin, das Politische – alles hat eine Grenze erreicht, jenseits derer man in eine qualitativ neue Situation eintreten muss, doch wir sind noch nicht so recht bereit dazu. Ich denke, wir haben langsam begonnen zu verstehen – die Flüge zum Mars werden uns nicht vor unserer Schwermut retten.»Große Depression« ist kein Begriff aus der Wirtschaft ... Es ist nicht sicher, ob wir glücklicher sind als jene Menschen, die im 19. Jahrhundert gelebt haben. Man sagt, nach den Geschehnissen des 11. September 2001 seien die Museums-, Theater- und Galeriebesuche rasant angestiegen. Und das in den Abteilungen für alte Kunst. Es kommt der Augenblick, da man das Bedürfnis hat, sich an etwas Beständigem festzuhalten, man wendet den Blick auf der Suche nach einem sicheren Ort zurück, immer weiter zurück bis in die Kindheit – die eines einzelnen Menschen oder die der gesamten Menschheit, einerlei. Unsere Zukunft ist voller Vergangenheit.

In diesem Zusammenhang lautet meine optimistischste Prognose für die nächsten zwanzig Jahre, dass die wichtigsten Dinge dieselben bleiben werden, nämlich:

Die Menschen werden auch weiterhin Bücher lesen und über ausgedachte Helden weinen, sie werden Mitgefühl und Neugier empfinden, sie werden bis zum Spätherbst in die Sonne gehen und sich im Winter über Schnee freuen, sie werden in Ruhe reisen, die heutigen Kinder werden ihre eigenen Kinder haben, und alles wird so sein, wie es vor zwanzig Jahren oder zwanzig Jahrhunderten war. Das ist gar nicht wenig. Und eigentlich ist es alles.

Aus dem Bulgarischen von Alexander Sitzmann

Dänemark

Michael Krüger:
Was ist größer als die Kultur? »Eine universelle Menschlichkeit, die zwischen Athen und Troja keinen Unterschied macht. Und keinen zwischen Europäern und Moslems.«

Alida Bremer:
Der feministische Text Jens Christian Grøndahls spricht mir aus der Seele. Die wirtschaftliche Unabhängigkeit und die Selbstbestimmung der Frau ist der Schlüssel für die Veränderung der Welt. Der beste Beweis dafür scheint mir die Hartnäckigkeit zu sein, mit der man überall nach Gründen suchte und immer noch sucht, um Frauen fern von Bildung und von politischen Entscheidungen zu halten. Der Respekt vor dem weiblichen Blick entsteht aus dem Bewusstsein für das kritische Potential dieses Blicks, der »die herrschende, auf männliche Vorstellungen von Macht und Dominanz beruhende Kultur in Frage stellt«.

Jens Christian Grøndahl
Eine Menschlichkeit, die keinen Unterschied macht

Vor einigen Jahren hörte ich auf der Frankfurter Buchmesse, wie einem pensionierten Beamten der Vereinten Nationen die Frage gestellt wurde: »Wenn Sie sich eine Veränderung wünschen dürften, die die Welt verbessern kann, welche wäre das?« Er antwortete: »Dass alle Mädchen in die Schule gehen könnten.« In Anbetracht des großen Elends auf der Welt könnte man die Einschulung von Mädchen für relativ unwichtig halten, aber hier ging es ja darum, welche Veränderung die einschneidendsten und umfassendsten positiven Konsequenzen nach sich ziehen würde. Die Schule ermöglicht Mädchen eine Ausbildung. Haben junge Frauen eine Ausbildung, können sie wirtschaftlich unabhängig sein. Wenn Frauen wirtschaftlich unabhängig sind, spielen sie auch im gesellschaftlichen Leben eine Rolle. Und wenn Frauen im selben Maße wie die Männer politischen Einfluss bekommen, werden sie mit der Zeit die Gesellschaft und die Welt verändern. Wer wie ich in Skandinavien aufgewachsen ist, weiß das besser als jeder andere, aber hundert Jahre nach Einführung des Frauenwahlrechts sehen wir die Gleichberechtigung als selbstverständlich an. Das wird nicht einmal mehr diskutiert, in diesem Punkt sind sogar wir Fundamentalisten. Deshalb sind wir so überrascht, wenn Vertreter des moslemischen Teils der Bevölkerung von der Gleichberechtigung nicht ganz so überzeugt sind. Wir werden dann auf dem falschen Fuß erwischt, jedenfalls diejenigen von uns, die der Meinung sind, die Gesellschaft solle für Menschen mit einem andern religiösen oder kulturellen Hintergrund offen sein. Es fällt uns nicht leicht, gegenüber solchen moslemischen Vertretern die Gleichberechtigung als unabdingbar für unsere Kultur zu bezeichnen. Aber es geht nicht anders, denn ohne Gleichberechtigung keine Integration, weder sozial noch kulturell.

Es gibt viele Gründe, warum Frauen in unserem Teil der Welt eine Freiheit und einen Respekt genießen, die sie andernorts noch nicht erreicht haben. Die Geschichte der Gleichberechtigung ist älter als die des Feminismus. Im Athen der Antike hatten Frauen keinen politischen Einfluss, trotzdem spielen sie in der wichtigsten Kunstgattung jener Zeit, der griechischen Tragödie, eine entscheidende Rolle. Zum Beispiel in Euripides' Stück *Die Troerinnen*, das die Brutalität des Krieges beschreibt, wie sie von den Müttern, Ehefrauen und Töchtern der Unterlegenen erlebt wird. Eine von ihnen ist die Seherin Kassandra, die die Sieger belehrt, dass ihr grausames Auftreten ein Verrat an ihren eigenen Werten sei. Kassandras Botschaft ist heute relevant, wenn wir darüber diskutieren, ob wir nicht mit unserer Kriegsführung im

Mittleren Osten oder unseren Sicherheitsmaßnahmen gegenüber terroristischer Bedrohung verspielen, was wir gerne verteidigen wollen.

Es sind die Frauen der Tragödie, die kollektive Selbstprüfung anmahnen. Man könnte den Schluss ziehen, dass die Sicht auf die Frau kulturell bestimmt und Gleichberechtigung etwas Europäisches sei. Mit anderen Worten: etwas, das wir beispielsweise in den Kulturen des Mittleren Ostens nicht erwarten können. Eine Ansicht, die sowohl Islamisten zupass kommt als auch Europäern, die sich Moslems dorthin wünschen, wo der Pfeffer wächst. Erstere können sich als Entschuldigung für fortdauernde Frauenunterdrückung auf ihre kulturelle Besonderheit berufen, letztere können in ihrer Ablehnung der »Fremden« das Gleiche tun. Was aber, wenn niemand von ihnen recht hat?

Der Respekt vor dem weiblichen Blick ist kein europäisches Kulturmerkmal allein, denn er ist ja ein kritischer Blick. Ein Blick, der die herrschende, auf männlichen Vorstellungen von Macht und Dominanz beruhende Kultur in Frage stellt. Auch wenn Frauen als Wächter traditioneller Werte den Männern in nichts nachstehen, gibt es von ihrem Empörungspotential doch die eine oder andere Geschichte zu erzählen. Wenn Frauen gegen den männlichen Wahnsinn der Gewalt Einspruch erheben, dann im Namen von etwas, das größer ist als die Kultur. Nämlich im Namen einer universellen Menschlichkeit, die zwischen Athen und Troja keinen Unterschied macht. Und keinen zwischen Europäern und Moslems.

Aus dem Dänischen von Peter Urban-Halle

Deutschland

Michael Krüger:
Man kann es gar nicht oft genug sagen: »Bekanntlich war Europa nicht imstande, sich aus eigener Kraft vom totalitären Wahn des Faschismus und Kommunismus zu befreien. Aber auf den Mut und die Unbeirrbarkeit seiner Dissidenten und Aufklärer gründet sich die politische Kultur des heutigen Europa.«

Alida Bremer:
Peter Schneider spricht in seinem »Lob Europas« eine einfache Wahrheit aus: Kaum jemandem geht es so gut, wie den Bewohnern der »privilegierten Halbinsel« Europa. Es ist bedrückend, dass wir häufig nicht nur vergessen, warum es uns so gut geht, sondern auch, dass es uns gut geht. Werden wir »das Zivilisationsmodell, das heute Europa heißt« auch bewahren können?

Peter Schneider
Lob Europas

Ich werde und muss es zur Abwechslung einmal mit einem Skandal versuchen: mit einem rücksichtslosen Lob. Unter den vielen verschiedenen Welten, die auf diesem Planeten miteinander konkurrieren, ist Europa mit Abstand das beste Angebot. Alle, die auf dieser privilegierten Halbinsel leben und sie in Grund und Boden kritisieren, haben natürlich recht. Sie vergessen nur das Wichtigste: Wie gut es ihnen dabei geht.

Nirgendwo und zu keiner Zeit hat die Menschheit ein besseres Zivilisationsmodell hervorgebracht als jenes, das heute Europa heißt. Wenn ich irgendwo anders geboren, arm und bei Verstand wäre, würde ich in Europa leben wollen. Sicher nicht überall in Europa, aber doch in einigen Ländern, die Europa zugerechnet

werden. Die guten Gründe für eine solche Wahl sind in Europa
selbst in Vergessenheit geraten. Europa hat aus den verschiedenen Spielarten des Kapitalismus die vergleichsweise humanste
Version herausgefiltert – ein Modell, das in Deutschland und einigen anderen Ländern »soziale Marktwirtschaft« heißt. Die sozialen Netze sind in vielen Ländern Europas großzügiger als irgendwo sonst auf der Welt – fünfzig Prozent sämtlicher in der
Welt gezahlten Sozialleistungen werden von den EU-Ländern
aufgebracht. Nirgendwo auf der Welt hat sich die größte Errun-
genschaft der Aufklärung – die Trennung von Staat und Religion – so weitgehend durchgesetzt wie in Europa. Nirgendwo auf
der Welt, außer in den USA, hat die Gleichberechtigung zwischen Mann und Frau so große Fortschritte gemacht wie in Europa.

Nirgendwo sonst auf der Welt hat es sich ergeben, dass auf so
engem Raum Dutzende von vergleichsweise wohlhabenden Nationen leben, die sich seit Jahrhunderten, ja seit Jahrtausenden in
ihrer Lebensweise unterscheiden und sich nun – nach unzähligen Kriegen und nationalistischen Exzessen – einer gemeinsamen Wertordnung zugehörig fühlen. Man muss nur ein paar
hundert Kilometer fahren und trifft auf ein anderes Volk, das eine
andere Küche hat, eine andere Sprache spricht und in der Arbeit
wie in der Liebe anderen Gewohnheiten folgt. Wer mehrere
Sprachen spricht, macht die Erfahrung, dass seine Sprache, seine
Sicht auf die Welt in Konkurrenz zu anderen Erfahrungswelten
steht.

Es ist wahr: Es gibt keine Wahnidee, kein Kollektivverbre-
chen, kein politisches Laster, das nicht zuerst in Europa ausgebrütet und in die Tat umgesetzt worden wäre. Aber wahr ist
ebenfalls, dass es immer auch – und oft gleich zu Beginn solcher
historischer Verbrechen – Mahner und Dissidenten gab, die wie
Bartolomé de Las Casas, Giordano Bruno oder Galileo Galilei den
herrschenden Ideologien in den Weg traten. Bekanntlich war Europa nicht imstande, sich allein aus eigener Kraft vom totalitären

Wahn des Faschismus und Kommunismus zu befreien. Aber auf den Mut und die Unbeirrbarkeit seiner Dissidenten und Aufklärer gründet sich die politische Kultur des heutigen Europa. Diejenigen, die Europas Errungenschaften für verhandelbar halten oder verachten, laufen Gefahr, sie zu verlieren – und mit ihnen Europa.

Estland

Alida Bremer:
Ausgerechnet am sowjetischen »Tag der Grenzsoldaten« landete der »Kremlflieger« in Moskau. Er fiel vom gut bewachten Himmel direkt auf eine Brücke in der Nähe des Roten Platzes. Eeva Park erinnert mit dieser Geschichte an die Vermutung, dass sein Abenteuer den Zusammenbruch der Sowjetunion beschleunigt haben könnte. Es war die Epoche von Gorbi, der zunächst vor allem wegen seines Alkoholgesetzes bekannt (und unbeliebt) war. Dieses Gesetz hatte seine ganz besonderen Tücken, das zumindest behaupteten die Nachbarn der Ich-Erzählerin.

Michael Krüger:
Eine der vielen verrückten Geschichten der Gleichzeitigkeit: Die einen brauchen immer schnellere Flugzeuge, um den leeren Raum zu überbrücken, damit ihn keine Mücke ungesehen durchquert; um zu kontrollieren, um ihre Macht zu demonstrieren. Aber unten, wo die Menschen wohnen, steht jedem Einbrecher Tür und Tor offen.

Eeva Park
Die Götter spielen tic-tac-toe

Ich erwachte von den Düsenjägern, die die Fensterscheiben klirren ließen.

Das war nichts Neues.

Sie flogen ständig über uns, nur dass es heute nicht zwei, sondern vier Flieger waren und sie keine parallelen Streifen in den blauen Himmel zeichneten, sondern ein riesiges mehrfaches Kreuz, so dass es mir beim Aufziehen der Fenstervorhänge vorkam, die Götter wollten oben am Himmel tic-tac-toe, Drei gewinnt, spielen.

Durchgeknallt oder besoffen, dachte ich, als ich unter dem nicht enden wollenden Fluglärm in den beginnenden Tag eintauchte und mich aufs Kaffeekochen und die Zubereitung des Frühstücksbreis konzentrierte.

Absolut nichts wies darauf hin, dass dieser Tag meine Welt verändern sollte, und als ich wenig später, meine drei Monate alte Tochter auf dem Arm, die Treppe hinunterging und entdeckte, dass der Kinderwagen weg war, nahm ich die Düsenjäger gar nicht mehr wahr.

Es war ein heller Morgen an jenem 28. Mai 1987, aber ein so windiger, dass, als ich die Haustür öffnete, ein paar vertrocknete braune Eichenblätter in der Ecke des mit Schmutzspuren überzogenen Hausflurs aufgewirbelt wurden.

Das war seltsam, denn vor dem Haus wuchsen hohe Bäume, aber das waren keine Eichen, sondern Pappeln, die mit ihrer weißen Wolle Ende April die ganze Gegend bedeckten, und die der dicke Junge aus dem Parterre, der immer Mehl aus der hohlen Hand aß, zu gerne mit einem Streichholz abfackelte.

Die alte Mietskaserne, in der wir damals wohnten, stand still und stumm. Da war kaum jemand, den ich nach dem Kinderwagen hätte fragen können, denn diejenigen, die zum Dienst oder zur Schule mussten, waren bereits aufgebrochen, jene aber, die sich in aller Frühe, bevor die Läden aufmachten, in die Schlange stellten, hatten dort bereits ihre Plätze eingenommen.

Auch ich wollte dorthin. Die Milch war alle, die Eier auch, und in letzter Zeit musste man verdammt früh vor Ort sein, um auch die zu ergattern. Ohne Kinderwagen jedoch erschien mir das im Moment unmöglich, und so trat ich, das Kind auf dem Arm, aus der Tür und schaute suchend nach rechts und nach links.

Die Düsenjäger donnerten über uns hin, die Luft bebte; ich war, wie immer, zunächst in Hausschuhen heruntergekommen und nunmehr davon überzeugt, dass der Alte aus der unteren Wohnung, der ständig die im Treppenhaus laufenden Kinder beschimpfte, den Kinderwagen von seinem Platz neben der Haustür weggeschoben hatte. Bisher war der Wagen niemandem im Weg gewesen, und dass jemand einen so alten, schon vielen Kindern gedienten Wagen geklaut haben sollte, kam mir erst recht nicht in den Sinn.

Das in seinem Schlafsack immer heftiger zappelnde Kind an mich gedrückt, umrundete ich schließlich den Fliederbusch, ging zum Wäschetrockenplatz, spähte hinter die Schuppen, aber vom Kinderwagen keine Spur.

Die nächste MiG durchschnitt den Himmel, der messerscharfe weiße Strich, den sie hinterließ, verbreiterte sich, heftiger Donner fiel auf mich nieder, und erst als der verebbte, bemerkte ich die erregten Stimmen, das Knallen von Wohnungstüren, die hastigen Schritte im Treppenhaus. Bald war die gesamte Anwohnerschaft zur Stelle, und als ich in diesem Geschiebe beim Kellereingang landete, erfuhr ich, dass in der Nacht Einbrecher dagewesen waren.

Die Vorhängeschlösser der Kellerboxen waren alle geknackt, und in dem spärlichen Licht der Glühbirne, die den Kellergang beleuchten sollte, konnte man mehr hören als sehen, wie die Hausbewohner ihr Hab und Gut durchforsteten.

»Auf meinen Obstwein waren sie scharf, die Misthunde!« – »Von wegen Wein – über den Selbstgebrannten haben sie sich hergemacht, darum hat ja das Haus so gestunken!« – »Vielen Dank, Gorbi, für dein Alkoholgesetz!« – »Au verflucht, meine Motorsäge ist weg!« – »Meine Säfte! Was mach ich jetzt im Winter!« – »Ich sag doch, die Außentüren brauchen ein Schloss, die Einbrecher geben sich ja schon die Klinke in die Hand!« – »Meine Motorradteile! Auspuff und Bowdenzug!« – »Mein Fahrradsattel ist weg!« – »Mit dem Auto sind sie nicht da gewesen, sowas würde man nachts hören.« – »Stimmt, ich möchte wissen, wie sie das Zeug abtransportiert haben.« – »Na mit 'nem Kinderwagen, wie sonst!« Dann ein Bass aus den Tiefen des Kellerganges: »Herzlichen Glückwunsch zum Tag des Grenzsoldaten! Toben sich da oben aus, dass die Wände wackeln! Am Himmel passen sie auf wie die Schießhunde, keine Mücke kommt rein oder raus, aber hier unten steht jedem Einbrecher Tür und Tor offen!« »Ach, deswegen fliegen sie heute wie die Verrückten«, folgerte ich und bat die Anwohner, falls sie einen rotkarierten Kinderwagen irgendwo stehen sehen, Bescheid zu sagen.

Der Tag war noch jung. In Helsinki, auf dem Flughafen Malmi, wunderten sich die Techniker, die ein weißes Flugzeug betankten, dass die Cessna 172P, die nach Stockholm fliegen sollte, so viel Sprit tankte, als wolle sie bis Amerika durchstarten.

Aus dem Estnischen von Irja Grönholm

Finnland

Michael Krüger:
Die alten Götter werden angerufen, wenn die neuen versagt haben.
Aber was ist das für eine Welt, in der wir die archaischen Götter
brauchen, um uns in der Gegenwart zurechtzufinden?

Alida Bremer:
Es ist eine Frauenwelt und es ist ein Frauengebet: Nicht nur, dass es
immer noch nicht mit jenem Wunsch nach einem eigenen Zimmer
klappt, ein Wunsch, den Virginia Woolf für alle Frauen hatte. Sondern diejenige, die noch heute inbrünstig und im vollen Sprachga-
lopp ihr Gebet skandiert, hämmert mutig gegen verschlossene Türen und weiß vor allem eins: Es ist schwer, dies allein zu tun.

Katja Kettu
Gebet an die alten Götter

Himmelsalter, Herr des Feuers,
Sonnentochter, Beaivvi Nieida, Herr des Windes, Biegga-galles,
heute fleh' ich euch an
höret meine Heidenworte, schreibt meinen Schmerzensspruch
    an den Himmel
Ich bete, das Morgen möge ewig währen
und dass am Horizont die Sonne alle Menschen nähre,
dass die Wissenschaft machtvoll sei und der Verstand die
    pulsierende Seele achte
Ich bete, dass es im lichten Morgen eine Brust gebe für die
    Kinder, ihre Zuflucht
Dass Mädchen nicht beschnitten werden und Füchse nicht
    gejagt, dass in den Mägen der Kuh der siebenköpfige Alte
    kreise

denn Rasen und Büchereien gehören allen, und dass die Frau
    fünfhundert Pfund habe im Jahr und ein Zimmer für sich
    allein
So wie Virginia W. es prophezeite.

Himmelsalter, Herr des Feuers,
Sonnentochter, Beaivvi Nieida, Herr des Windes, Biegga-galles,
    heute fleh' ich euch an
höret meine Heidenworte, schreibt meinen Schmerzensspruch
    an den Himmel
Ich bete, die Nacht werde freundlich und weich, und dass die
    meisten überleben
dass die Schwachen Kraft erhalten aus dem Schein des
    Nordlichts, des Feuerfuchses Toben
aus der Weichheit des Nestes, dem Wurzel-Weinen der
    Urmütter
Die zerbrechen, mögen betrauert und begraben, verbrannt und
    im Gedächtnis behalten werden unterwegs
Mögen die Vulkane an ihrem Platz, der Himmelsdeckel in den
    Scharnieren bleiben, die geschmiedet wurden in meinem
    Kopf
Und weiterhin bete ich, einstmals statt Umzugskisten Kiefern
    als Beine und seelische Stärke zu haben,
und dazwischen so einen Mann
dass selbst ein Russe acht Stunden braucht, ihn zu massieren,
    die anderen aber zwölf
Und dass er mich nicht verlasse, wenn ich auch strauchle,
    sondern mich auf die Beine stelle
denn ich bin seit vielen Monden allein und halte das nicht mehr
    lange aus.

Aus dem Finnischen von Angela Plöger

Frankreich

Alida Bremer:
Ich finde es erheiternd, wie sich Cécile Wajsbrot über das Anliegen unserer Anthologie lustig macht und es ins Absurde führt. Sie nimmt unsere Frage nach einer besseren Welt als Hauptstrang einer Gesprächsspirale, in der man nicht mehr erkennen kann, wer spricht. Aus dem Stimmenwirrwarr kristallisieren sich vereinzelte luzide Antworten heraus, die sich auch gern einmal gegenseitig aufheben.

Michael Krüger:
Ich würde mir eine gastfreundlichere Welt wünschen ... Offenbar ist das der unmöglichste Wunsch überhaupt. Es sei denn, der Gast hat viel Geld, steigt im besten Hotel ab und nennt auf dem Anmeldeformular sein Abreisedatum. Eine bessere Welt gibt es nicht. Wer sie wünscht, macht sich verdächtig.

Cécile Wajsbrot
Brave New World

»Erzählen soll ich Ihnen ...«
»Von einer besseren Welt.«
»Dazu fällt mir nichts ein.«
»Thomas More, Aldous Huxley, John Lennon ...«
»Sieht so aus, als würden Utopien nur auf Englisch erzählt.«
»Jedenfalls verkehren sie sich stets ins Alptraumhafte.«
»Und Ihre Meinung? Es handelt sich um eine Umfrage.«
»Ich sehe, dass lange an der Oberfläche schwelende Bedrohungen nun klar zutage treten.«
»Ich sehe, dass alle Vorhersagungen im Begriff sind, Wirklichkeit zu werden.«
»Können Sie das genauer fassen?«

»Der Klimawandel, der Krieg der Welten, nein, kein Krieg der Sterne, denn er ist auf unseren Planeten beschränkt, manipulierte Gene, manipulierte Nachrichten, wir haben die Qual der Wahl.«
»Eine bessere Welt? Diese hier sagt mir zu. Ich habe eine schöne Wohnung, einen Zweitwohnsitz, eine Großraumlimousine, spiele Golf und mein Kapital ist gut platziert ...«
»Haben Sie keinen offenen Wunsch?«
»Gutes Wetter in meinem nächsten Urlaub.«
»Eine bessere Welt? Träumen darf man noch ...«
»Eine Umfrage? Nun, eine Welt, in der man nicht bloß verspricht, sondern hält.«
»Ich sehe gar keine Kamera. Ach, fürs Radio? Ja, da weiß ich auch nicht.«
»Einige haben daran geglaubt, viele sogar, sie haben sich engagiert, haben gekämpft – doch nichts von all dem ist eingetreten.«
»Ich würde mir eine Welt wünschen, in der man Dinge nicht überstürzt angeht, bloß aus Sorge, überholt zu werden.«
»Ich würde mir eine gastfreundlichere Welt wünschen, in der jeder an dem Ort leben kann, den er sich ausgesucht hat; in der jene, die vor Krieg, Hunger oder Unmöglichkeiten flüchten, nicht in Lagern gefangen gehalten werden.«
»Ich würde mir eine Welt wünschen ...«
»*I had a dream.*«
»Schon wieder Englisch ...«
»Träume machen das Erwachen nur noch schmerzlicher.«
»Eine Umfrage, genauer gesagt, eine Straßenumfrage.«
»Und was ist die Frage?«
»Eine bessere Welt.«
»Das ist keine Frage.«
»Wie würde sie Ihrer Ansicht nach aussehen?«
»Ich sehe keine.«
»Geben Sie sich einen Ruck ... reißen Sie die Augen weit auf und sehen Sie sich um ...«
»Schlechter Anfang, aber nun ist es zu spät.«

»Erst einmal müsste man Welt definieren, und dann eine besse-
re – was verstehen Sie darunter?«
»*Is there life on Mars?* Kennen Sie das Lied von David Bowie? –
Auf der Erde ist das Leben ein Alptraum.«
»Eine bessere Welt ist das Motto unserer Partei. Schließen Sie
sich uns an!«
»Die Erforschung anderer Planeten, unsere einzige Chance.«
»Erneuerbare Energien.«
»Die Beseitigung aller Vorurteile.«
»Ich will Ihnen sagen, was nötig wäre. Sich für die Gegenwart
rüsten ohne ständigen Bezug auf die Vergangenheit.«
»Eine bessere Welt? Eine Welt, in der alle Welt lesen würde.«
»Eine Welt, in der es immer Parkplätze gäbe.«
»Haben Sie nicht einen etwas eingeschränkten Blick auf die Din-
ge?«
»Das war eine Metapher ...«
»Eine bessere Welt ist, nun ja, eine Welt ...«
»Entschuldigen Sie bitte den vorübergehenden Tonausfall.«

Aus dem Französischen von Nathalie Mälzer

Georgien

Michael Krüger:
Wie sieht die Utopie aus von einem schöneren Leben? »Ich weiß genau, ich werde nicht altern.«

Alida Bremer:
Jung, cool und verliebt sein in Georgien. Oder ganz egal wo. Später erst wird man verstehen, dass es die beste Zeit überhaupt war. Die Ich-Erzählerin in dieser Geschichte, »eine 45-Kilo-Frau in Bergschuhen und bunten Hosen – die hatte ich selbst genäht und war mächtig stolz drauf« und ihr Freund Watsche lernen zunächst Chinesisch und dann ist da die Sache mit dem Berg. Holden Caulfield, der Fänger im Roggen, hätte die beiden bestimmt gerne kennengelernt.

Anna Kordsaia-Samadaschwili
Chinesisch

In der Universität hing eine Mitteilung aus, dass für interessierte Studenten Chinesisch-Kurse angeboten würden. Die Mitteilung war klein, unauffällig, von jener Art, die kaum einer las. Ich zumindest habe sie nie gelesen.

Watsche aber las sie und gab mir, bei Lisiko angekommen, zu verstehen, dass wir anfangen würden, Chinesisch zu lernen. Ihr wart doch auch immer bei Lisiko? Nicht? Na gut. Ich glaube, alle Studenten gingen dahin. Als Lisiko später nach Griechenland zog, eröffnete an dieser Stelle zunächst das »Studentencafé«, dann eine Heineken-Bar, dann dies, dann jenes – aber nichts setzte sich durch. Nur Lisiko und ihr im Sandbett gekochter Kaffee hatten sich durchgesetzt. Zu Lisiko hinüber gingen wir meistens nach sechs, wenn es Tee gab – ich meine das Teehaus. Ins Teehaus seid ihr doch aber gegangen? Nun, dann muss ich

Watsche ja nicht weiter beschreiben, euch wird auch so klar sein, dass wir, beziehungsweise dass ich ums Chinesischlernen nicht herumkommen würde.

»Du wirst dort hingehen und dich für die Kurse einschreiben«, sagte er.»Und mich schreibst du gleich mit ein.«

Damals rechnete ich fest damit, dass dieser 33 Jahre alte Mensch von einem Tag auf den anderen an Altersschwäche sterben würde. Woher er jetzt diese Flausen mit der Chinesischlernerei habe, fragte ich ihn. Ich meinte, es sei doch besser, er machte sein Testament oder räumte die Wohnung mal gründlich auf, damit sich später nicht irgendwelche kompromittierenden Sachen unter seinem Krempel fänden.

»Du Dummkopf!« Der weise Padischah war verärgert.»Du Dummkopf, du Pinguin, du Hungerhaken! Willst du mich etwa belehren, mich alte Kaa?«

Ich leistete heftigen Widerstand. Ich wollte überhaupt nichts lernen, ich hatte schon genug zu tun. Pah, Chinesisch! Ich wollte nicht Chinesisch lernen.

Watsche schmetterte meine Argumente ab. Er sagte, ich würde viel zu viel nachdenken und das mache alt:

»Du solltest warme Füße bewahren und einen kühlen Kopf, nicht so viel grübeln und nicht der Liebe nachtrauern. Halt' dich dran und du wirst nicht altern.« Er selbst hatte sich an diese Devise gehalten und war tatsächlich nicht gealtert – er war noch jung, als er umgebracht wurde.»Es gibt da nicht viel drüber nachzudenken. Du gehst morgen hin und schreibst uns ein.«

Ich wollte noch irgendwas sagen, aber sein letztes Argument war vernichtend:

»Du willst doch auf den Ialno? Klar willst du. Also, wenn du nicht zu Chinesisch mitkommst, nehme ich dich nicht mit. Schau doch aus der Ferne ...«

Am nächsten Morgen trippelte ich zum Fremdspracheninstitut und schrieb uns brav für die Kurse ein, die mich am wenigsten interessierten. Wenig später tauchten wir im Institut auf –

Watsche und ich, das Traumpaar – ein bärtiger, gelbäugiger Mann und eine 45-Kilo-Frau in Bergschuhen und bunten Hosen – die hatte ich selbst genäht und war mächtig stolz drauf. Watsche hatte einen mörderischen Akzent und ich einen grenzenlosen Ehrgeiz, diese Sprache zu lernen. Wir setzten uns und sangen leise:»Am blauen, blauen Himmel treiben weiße Wolken dahin …« Und ich lernte jeden Tag zehn Hieroglyphen, jeden Tag, weswegen Frau Mali sagte, das sei Kung-Fu. Nach einem Monat hatte Watsche die Vorlesungen satt, ich hingegen blieb. Ich brachte mich bei Frau Mali in Position und war ständig am Schmökern – Abenteuergeschichten über Wendehälse, Zauberspiegel, Weise und Verrückte – die erzählte ich dann Watsche. Die Hieroglyphen malte ich mit einem Stock auf die nasse Erde, ritzte sie mit Schiefer in Felsen, arrangierte sie aus Kieselsteinen am Strand und amüsierte mich sehr, wenn Watsche mit seinem eigenen herrlichen Chinesisch seiner Anerkennung Ausdruck verlieh:»Schao aan, seaa gut, Dummkopf!«

Dann fuhren wir zum Ialno – ich hatte es mir verdient. Auf der Ialno-Gebirgskette wurde ich wieder neunzehn Jahre jung, im Wäldchen, wo die Quelle war. Ich wachte am Lagerfeuer auf, den Kopf in der Asche, die Füße auf dem Feuerholz. Es war ein wunderbarer Morgen, frostig, am blauen Himmel schien der schlaflose Mond.

»Am blauen, blauen Himmel ziehen weiße Wolken dahin …«, sang Watsche.

Oh, wie schön!

»Zum Teufel mit dem *Oh, du Dummkopf!*« neckte mich Watsche.»*Oh – Guten Morgen!*«

Wie hieß bloß »Guten Morgen« auf Chinesisch? Ich weiß es nicht. Ich erinnere mich nicht mehr. Hauptsache, ich halte die Füße warm und den Kopf kühl, grüble nicht und trauere nicht der Liebe nach, und ich weiß genau – ich werde nicht altern.

Aus dem Georgischen von Sybilla Heinze

Griechenland

Michael Krüger:
Aus der Wiege des Abendlands wurde ein Land des Zorns. Aus den Gesetzen der Gastfreundschaft wurden die neuen Gesetze des Terrors. Was hat das 20. Jahrhundert mit uns gemacht, dass wir uns im 21. nicht mehr wiedererkennen?

Alida Bremer:
Aus dem europäischen Traum vom gemeinsamen Haus, in dem Menschenrechte, Demokratie, Gerechtigkeit und Frieden herrschen, wurde diese Szene, die jene Wahrheit der Dichtung in sich birgt, von der Aristoteles in seiner *Poetik* sprach, als er über den Unterschied zwischen Dichter und Historiker nachdachte. Die Dichter, so Aristoteles, erzählen Begebenheiten, wie sie hätten geschehen können. Der europäische Traum scheint in diesem *So-hätte-es-geschehen-können* für die drei Protagonisten, von denen der eine wohl nie eine Stimme gehabt haben wird, brutal zerschlagen zu sein.

Christos Chryssopoulos
Das Land des Zorns

> *Like a dog he hunts in dreams*
> Alfred Tennyson, »Locksley Hall«

A 1: Mensch, Alter, dort drüben ist er.
A 2: Lass uns rübergehen, Mann, kneif nicht, ist nur ein
    einziger Wichser.
A 1: Ist da vielleicht 'ne Kamera?
A 2: Was für 'ne Kamera, Mann? Gehen wir, es ist nur einer, sag
    ich dir.

A 1: Ist gut, Kumpel.

A 2: Geh schon, ist nur 'ne halbe Portion, zieh jetzt nicht den Schwanz ein.

A 1: Was machst du hier?

MIGRANT : ...

A 2: Sprich' schon, Mann! Hat dir deine Alte nicht beigebracht zu sprechen, du Schwachkopf?

A 1: Jetzt schau dir mal diese Visage an, wie 'ne Schlaftablette, Mann.

A 2: Wo ist der Rest hin? Bist du allein hier zurückgeblieben?

A 1: Früher hat's hier nur so gewimmelt von euch, wo sind die andern hin?

A 2: Ja, ja, drück dich ruhig feste gegen die Wand, Affenarsch, und du wirst es sicher schaffen, durch die Steine zu gehen.

A 1: Buuh! Arschloch.

MIGRANT : ...

A 2: Jetzt guck dir das an, Alter: Die Dreckschwuchtel bibbert ja.

A 1: Hey, Bin Laden, pass bloß auf, dass du dir nicht in die Hosen scheißt und uns die Luft verpestest. Dann war's das nämlich für dich.

A 2: Dann hast du's mit uns verschissen, wenn du uns hier zuscheißt.

A 1: All die andern sind tatsächlich abgehauen, Mann, und haben nur diesen Abschaum zurückgelassen.

A 2: Wirst schon sehen, was dir blüht ...

A 1: Das sind echt Tiere, Mann, in ihrem Land da hausen die in Ställen ...

A 2: Und jetzt sind sie hergekommen, um zu sehen, wie Menschen leben.

A 1: Mensch, Alter, wir sind hier regelrecht zugewuchert von denen, zugewuchert von Affen mit Bärten.

A 1: Halt, wo willst du hin, Freundchen?

MIGRANT : ...

A 2: Was hast du vor, Mann? Willst du etwa weg? Begreifst du eigentlich nicht, was wir dir sagen?

MIRGRANT : ...

A 1: Wir sind deine Freunde, Mann. Wie kannst du uns denn einfach so stehen lassen?

MIGRANT : ...

A 2: Willst du etwa zu deinen verkackten Landsleuten?

A 1: Was ist, willst du die Fliege machen?

A 2: Was ist los, Mann? Willst du Leine ziehen? Gefällt's dir hier nicht?

A 1: Wir sind gekommen, um dir Gesellschaft zu leisten, du Schwachkopf, damit du nicht allein hier rumhockst mitten in der Nacht.

A 2: Ist nämlich gefährlich.

A 1: Das kann man wohl sagen, schließlich bist du Ausländer, vielleicht sieht dich jemand und tut dir was.

A 2: Wir sind zu deinem Besten hier.

A 1: Ja, Freundchen, vor uns musst du keine Angst haben, wir sind auf deiner Seite.

A 2: Das heißt, nicht dass du das jetzt falsch verstehst ...

A 1: Ja, nicht dass du dir jetzt auch noch etwas drauf einbildest ...

A 2: ... und du uns für deine stinkenden Landsleute hältst ...

A 1: Dass wir uns richtig verstehen.

A 2: Ja, Freundchen, wir stehen auf dich, zappel' also nicht so herum, wir werden zusammen bestimmt viel Spaß haben.

A 1: Ruf an, Mann, dass noch jemand von unsren Leuten vorbeikommt. Wir werden das hier doch nicht alleine durchziehen?

A 2: Ja, warum denn nicht, Mann? Hast du vielleicht Angst?

A 1: Was, ich? Vor was soll ich denn Angst haben, vor diesem Stück Scheiße?

A 2: Genau, Mann, wir brauchen niemanden sonst. Hab' keine Angst. Wir werden sie ficken.

A 1: Sollen wir ihm einen stecken, Mann? Sollen wir der Fotze jetzt einen stecken?

A 2: Hörst du, du Kackgesicht?

A 1: Mach dich bereit, Mann, mach dich bereit, einen einzustecken.

A 2: Los, Alter, steck der Schmeißfliege einen.

A 1: Halt ihn fest, Mann.

A 2: Steck ihm einen, Mann, jetzt!

A 1: Halt ihn fest.

A 2: Zieh sie hoch. Zieh sie hoch, du Idiot.

A 1: Halt ihn fest, den Scheißkerl.

A 2: Dreh sie um.

A 1: Da, du Schwuchtel, mit Wucht.

A 2: Genau so, Mann.

A 1: Ich hab dich gefickt, ich hab dich gefickt.

A 2: Hab dich gefickt, du Schwuchtel, hab dich gefickt.

A 1: Los, jetzt.

A 2: Zieh ab.

A 1: Zieh ab.

A 2: Ich hab ihn gefickt, den Scheißwichser.

A 1: Zieh ab.

A 2: Gehen wir, Mann, verschwinden wir! Nichts wie weg jetzt!

A 1: Echt geil, Mann, echt geil.

A 2: Ja, Kumpel, wir haben ihn gefickt.

A 1: Der schafft das nicht mehr, Alter, den haben wir fertiggemacht.

A 2: Aus und vorbei. Einer weniger.

A 1: Der ist echt fertig, Mann.

A 2: Wir haben ihn gefickt.

Aus dem Neugriechischen von Theo Votsos

Dieser Romanauszug ist dem Buch *Terre de colère* entnommen, erschienen 2015 bei La Contre Allée (Lille, Frankreich).

Irland

Alida Bremer:
Venedig oder Antwerpen, Dubrovnik oder Oxford – sie alle gehören
zum Kulturerbe Europas, das viele Europäer immer weniger schät-
zen und durch merkwürdig abgeschirmte Räume wie Shopping-Malls oder das Internet ersetzen. In Wohlstand eingelullt,
schaukeln sie auf ihrem Reisepass durch das Leben – und haben
Orte wie Venedig »in einen so unheiligen Pfuhl verwandelt«. Andere
Menschen haben keine Pässe und dürfen nicht reisen, wohin sie
möchten. Colm Tóibín würde zur Abwechslung ihnen – und jedem,
der bereit ist, auf seinen Reisepass zu verzichten – das Kulturerbe
Europas anvertrauen.

Michael Krüger:
Die Welt gehört den Menschen ohne Pass, den *sans-papiers*, ihnen
steht eine grenzenlose Welt offen, sie sind überall zu Hause und
willkommen. Die Menschen mit Pass dagegen verbarrikadieren sich
in Wohnanlagen hinter Schutzzäunen und sinnen auf Rache.

Colm Tóibín
Pässe in die Freiheit

Ich frage mich, was aus der menschlichen Seele wird, sollten wir
den Reisepass abschaffen.

In den reichen Ländern der Erde mit ihrer ganzen Privilegiert-
heit, mit ihren schicken Supermärkten und endlos weiter wachsenden Flughäfen, ihren mehrspurigen Autobahnen, Straßen,
die wie Shopping-Malls aussehen, Kinos, in denen dieselben
schlechten Filme laufen, mit ihren austauschbaren Fernsehpro-
grammen, ihren sterilen Seniorenheimen, ihren Kleinkriegen um
Parkplätze, ihrer gepanzerten Polizeipräsenz und ihren blitz-

blanken Bankomaten gibt es ein tief sitzendes Gefühl der Einsamkeit, eine Aura der privaten Isolation innerhalb der öffentlichen Sphäre, eine Mischung aus Selbstzufriedenheit und Angst
in der Gesichtern der Passanten auf der Straße.

Niemand ist sicher, dass er oder sie genug vom Überfluss ab-
bekommt, der ringsumher herrscht. Viele finden es daher offenbar befriedigender, stundenlang alleine im Internet zu surfen,
auf der Suche nach Nachrichten, Pornofilmen oder Schnäpp-
chen.

Bewohner der reichen Länder machen gierig ihre Ansprüche
geltend, die sie in den Cyberspace hinausschreien wie jemand,
der sein Innerstes nach außen kehrt.

Wer hat die Regeln aufgestellt, die es Menschen verbieten, auf
der Erde hinzugehen, wohin sie wollen, ohne dass man sie an-
hält, einsperrt und herumkommandiert, nur weil sie anderswo
geboren sind?

Die größte Chance, ein Zeichen dafür zu setzen, dass sich das
ändert, bestünde in Europa. Allerdings müssten Anreize geboten
werden. Weil Leute mit Reisepass Venedig (um nur ein Beispiel
zu nennen) in einen so unheiligen Pfuhl verwandelt haben, wäre
es folgerichtig, die ganze Stadt Leuten zu überlassen, die sich
bereit erklären, ihren Reisepass abzugeben, oder deren Pass keinen Ausweis von Macht darstellt, Leuten, die sich entscheiden,
staatenlos wie der Wind zu werden.

Kein Inhaber eines Passes erhielte Zutritt zu Venedig. Nur
noch Leute aus Irgendwo, aus Überall oder Nirgends dürften
sich nachmittags am Canale Grande und abends am Lido erfreu-
en, ohne sich ärgern zu müssen über Pässe zückende Kreuzfahrt-
schiffer, Pässe zückende Tagestouristen oder Pässe zückende
Weltenbummler, die in einem über Airbnb gebuchten Apartment
absteigen.

Beim Einchecken in einem der vielen Hotels der Stadt würden
die Neuen Europäer gebeten werden, ihren Reisepass vorzule-
gen. Auf ihre Antwort, sie hätten keinen, würde die Rezeptionis-

tin ihnen ein anerkennendes Lächeln zuwerfen und ihnen den Zimmerschlüssel überreichen.

Für Leute, die ihren Reisepass behalten wollen, würde Venedig zu einem Mythos oder einem Gerücht verblassen, zu etwas, worüber sie Bücher oder Artikel lesen oder was sie sich im Fernsehen anschauen könnten. Die Lagunenstadt wäre für sie eine No-go-Area; für Leute ohne Pass hingegen wäre sie ein Utopia. Venedig wäre nur noch für Menschen da, die frei sind.

Schritt für Schritt würde man dann die Liste der Orte, die nur noch für Nicht-Passinhaber zugänglich wären, erweitern, zum Beispiel um die Strände der Riviera, den Louvre, das Centre Pompidou, den Barrio Gótico in Barcelona, den Strand von San Sebastián, Lourdes. Die Stadt Krakau, die Restaurants in Roms Trastevere, die National Gallery in London, den Gardasee, die Uffizien in Florenz, die griechischen Inseln Mykonos und Santorin, Fátima, Antwerpen, Bologna, Francis Bacons Atelier in Dublin, das Concertgebouw in Amsterdam, Dubrovnik, Hamburg, Heidelberg, Straßburg. Und da sowohl Norwegen als auch die Schweiz ein Sonderverhältnis zur EU haben, könnten wir Lillehammer und Lausanne dazunehmen.

Nach und nach könnten wir die Liste auch noch um einige private Gesundheitszentren und Kureinrichtungen erweitern, nicht zu vergessen die saubersten staatlichen Krankenhäuser und psychiatrischen Anstalten, die wir haben. Dazu ein paar Universitäten – Oxford zum Beispiel oder die École Normale Supérieure oder die Humboldt-Uni in Berlin.

Schließlich könnten wir auch Veranstaltungen hinzunehmen: das Edinburgh Festival, die Konzerte der Berliner Philharmoniker und von U2, Bayreuth. Die Spiele von Manchester United, Bayern München und Juventus sowie natürlich von Lazio und Real Madrid.

Diejenigen, die an ihrem Reisepass festhalten wollen, können alles Übrige haben. Sie können nachdenklich durch die ihnen verbliebenen Welten schlendern, mit Aldi- oder Lidl-Tüten in der Hand. Sie können weiterhin schleimige Pauschalreisen ins Ausland buchen, können regelmäßig ihren Kontostand online überprüfen. Sie können abends in ihrem Zuhause sitzen, inmitten aller ihrer Wohlfühl-Accessoires, wo nur hin und wieder ein plötzlicher Angstanfall oder ein unerklärlicher Moment existentieller Schwermut dazwischen kommt, der ihren Seelenfrieden, ihr Glück, ihr gezuckertes Wohlbehagen, ihr intensives Zugehörigkeitsgefühl und ihre Gewissheit, auf der sicheren Seite zu sein, kurz und schmerzhaft stört.

Aus dem Englischen von Karl Heinz Siber

Island

Michael Krüger:
Wie sieht eine bessere Welt aus? Man hat immer Zeit. Alles wird einem verziehen. Wir gehen geduldiger mit uns um. Oder so.

Alida Bremer:
Ein ironisches Gedicht, in dem sich unsere gegenwärtigen Anstrengungen, besser zu leben, widerspiegeln: Mit Hilfe von Fitnessstudio, #GamerGate, Velvet Revolver und Chia Samen. Und in dem die bessere Welt durch crowdgefundete Mikrokredite Wirklichkeit wird.

Eiríkur Örn Norðdahl
Gedicht darüber, wie ich mir eine bessere Welt vorstelle

Oder so stelle ich mir eine bessere Welt vor. Es gibt weniger Wolken, weniger Wind, weniger Menschen, weniger Autos. Die ganze Welt ist kleiner und dünner besiedelt. Man hat immer Zeit. Alles wird einem verziehen. In Wirklichkeit ist Gefühlskälte missverstandene Ironie, ist Verdruss Liebe auf andere Art. Und auf unterschiedlichste Weise wird unserem komplizierten Wesen mehr Geduld entgegengebracht – in einer besseren Welt.

Oder so stelle ich mir eine bessere Welt vor. Ich frage nach. Ich lasse Meinungsumfragen erstellen und verhalte mich dem Ergebnis entsprechend. Wollen die Leute wirklich ein besseres Gesundheitssystem? Wollen die Leute wirklich mehr Freizeit? Wollen die Leute wirklich mehr vögeln und so, mehr Süßkram essen und so, länger im Fitness-Studio bleiben und so?

Oder so stelle ich mir eine bessere Welt vor. Ich schließe die Augen, setze mich mit gespreizten Beinen auf mein Allerheiligstes und hetze unkontrolliert durch die Gegend, aufgefädelt auf einer meterlangen Schnur nicht hochgeladener, nicht geplanter Dick-Pics.
Oder so hetze ich unkontrolliert durch die Gegend. Ich greife nach meinen Fußknöcheln, strecke mich zum Himmel und stelle mir eine bessere Welt vor. Als müsste man mit Niederschlag rechnen. Als könnte das passieren. Ich greife nach meinen Fußknöcheln, strecke mich zum Himmel und brülle die Wolken an. Ich versöhne mich mit meinem Allerheiligsten, nenne die Dinge beim Namen und twittere wie wild auf #GamerGate. Denn irgendwer muss es ja tun.

Oder so stelle ich mir eine bessere Welt vor.
Ich beschließe es und warte.
Ich beschließe es, und ich warte. So stelle ich mir eine bessere Welt vor.
Ich beschließe es. Und dann warte ich.

Oder so stelle ich mir eine bessere Welt vor. Betrunken ist alles funkelnd, strahlend, irgendwie sicherer und schöner in einem. Erregbarer. Du strauchelst und merkst es kaum. Fällst, und der Sturz verpasst dich. Die Welt steckt in einer Verpackung. Du bist gepolstert. Wir sind alle so unfassbar laminiert. Nur nicht aufhören, weiter besoffen zu sein.

Oder so stelle ich mir eine bessere Welt vor. Sie stimmt ein Lied an. Ein Lied zum Mitsingen über die wahre Geschichte der unglaublichen achtzehnjährigen einbeinigen kriegsgeplagten afrikanischen Mutter der sechs ehemals brutalsten Kindersoldaten im Kongo, die später Diamantenschmuggler wurden, und darüber, wie ihr Traum, Velvet Revolver live auf dem Rücken eines zweihörnigen klitorisübersäten Einhorns zu sehen, durch die

Magie crowdgefundeter Mikrokredite Wirklichkeit wurde. Und du wirst nie glauben, was als Nächstes geschah.

Oder so stelle ich mir eine bessere Welt vor. Du isst Grünkohl und erblühst. Isst Chia Samen, Bulgur und Acai Beeren und erblühst. Du futterst und du fightest und du florierst. Du hast immer transzendentale Meditation. Du hast immer Psychopharmaka. Du hast immer kognitive Verhaltenstherapie. Auf unterschiedlichste Weise wirst du das, was du konsumierst. Du wirst das, was du trainierst. Dein Körpergewicht in Hantelscheiben. Es ist wissenschaftlich erwiesen, dass du von dem lebst, was du dir in den Mund steckst.

Das ist noch nicht mal eine Übertreibung dessen, wie ich mir eine bessere Welt vorstelle. Wenn überhaupt, dann relativiere ich es, wie ich mir eine bessere Welt vorstelle. Das ist gerade mal ein Bruchteil dessen, wie ich mir eine bessere Welt vorstelle.

Und so weiter und so weiter.

Aus dem Isländischen von Tina Flecken

Italien

Alida Bremer:
Ich erinnere mich noch gut an die Zeit, in der es kein in Plastikflaschen abgefülltes Trinkwasser gab. An den Übergang von jener Zeit zur heutigen Zeit, in der junge Mädchen den ganzen Tag mit Plastikflaschen in der Hand herumlaufen, erinnere ich mich nicht mehr. Vielleicht werde ich auch nicht merken, wann der Tag kommt, an dem ich für das Betrachten des Horizonts werde bezahlen müssen.

Michael Krüger:
Was ist das für eine Welt, in der alles etwas kostet, auch die Luft zum Atmen und das Wasser zum Trinken? Aber was ist daran seltsam, fragt der Enkel. War das nicht schon immer so?

Paolo di Paolo
Wie viel kostet eine Träne?

Wie viel hat eine Träne gekostet? Oder ein Regentropfen?
Was fragst du denn. Nichts.
Der Großvater wird ungehalten, aber der Enkel fragt weiter: Er will das verstehen. Manchmal schaut der Großvater aus dem Fenster, steht drei Minuten so da, vielleicht auch kürzer. Dann gibt er dem Enkel oft eine alte CD: Leg' die doch mal ein. Altes Zeug. Vorsintflutlich. Plötzlich beginnt ein Lied, und dem Großvater stehen Tränen in den Augen. Der Enkel fragt: Warum bist du manchmal so traurig? Warum war die Welt, als du jung warst, so anders?
Der Enkel kann kaum glauben, was der Großvater erzählt. Der erzählt Geschichten, denkt er. Der Großvater erträgt es kaum, wenn der Enkel wissen will, was die Dinge damals kosteten. Was

fragst du denn, sagt er und: In was für einer Welt bist du groß geworden.

Wieso, sagt der Enkel, was habe ich denn Schlimmes gesagt? Was fragst du denn, sagt der Großvater. Ihr denkt wohl, dass man für Geld alles kaufen kann. Aber das war nicht immer so. Wir wollten uns damals nicht damit abfinden, dass alles verkauft wurde. Die Welt war langweilig, stimmt, wir waren gereizt, bedrückt. Wir fühlten uns unbehaglich. Aber wir wussten noch, wie man sich empört.

Was bedeutet »empört«?

Sich aufregen – über Dinge, die man für falsch hält. Manchmal schrie man sogar. Wenn der Gerechtigkeitssinn verletzt wurde. Dann, keine Ahnung, irgendwie müssen wir wohl abgelenkt gewesen sein. Wir alle, meine ich. Es hat uns irgendwann nicht mehr gestört, wenn Dinge verkauft wurden, von denen wir eigentlich dachten, dass sie uns gehörten. Eins nach dem anderen. Verstehst du, was ich meine?

Ja klar. So ungefähr.

Stell es dir einfach als eine riesige Versteigerung vor. Also, jemand hält etwas hoch und sagt: Wer will das? Wer bietet mehr?

Zum Beispiel?

Alles. Zum Beispiel den Staat. Wer will den Staat? Er ist noch ein bisschen teuer, hat dann jemand gesagt, aber wenn ihr mit dem Preis runtergeht, könnten wir darüber nachdenken. Alles eben. Öffentliche Plätze und Kulturdenkmäler. Auch Berufe. Jemand will Politiker, Sänger oder Tänzerin werden? Alles kostete nun etwas. Es war wie eine Seuche. Kaufen und verkaufen. Dann haben sie auch das Meer verkauft.

Aber was ist daran seltsam, fragt der Enkel. War das nicht schon immer so?

Nein, früher hat man sich manche Dinge angeschaut und gesagt: Das gehört keinem, also eigentlich allen, und das gab einem ein wunderbares Gefühl von Leben und Freiheit. Damals sind dein Urgroßvater, mein Vater und ich im Sommer manchmal morgens mit dem Fahrrad zu den Wasserfällen gefahren. Wir standen da und staunten, wie unglaublich weiß sie waren – wie machtvoll und eisig. Helle, süße und frische Wasser.

Was?

Ach nichts. Eine Gedichtzeile, an die ich grad denken musste. Damals dachten alle noch, so etwas würde keinem gehören, also allen und es würde nichts kosten.

Und wie viel hat das Leitungswasser gekostet, als du jung warst?

Hm, viel weniger als heute jedenfalls.

Und hat man damals auch schon Tränen oder Regentropfen verkauft?

Nein, das noch nicht.

Musste man denn schon für seinen »Luftraum« bezahlen?

Nein, auch nicht.

Und für den Horizont? Den bezahlt man doch heute nach Metern. Wie viel Horizont siehst du, wenn du zu Hause aus dem Fenster guckst? Und wer kein Zuhause hat, der zahlt eine Pauschale.

Als die ersten Klänge der alten CD ertönen, schaut der Großvater gedankenverloren in die Ferne. Wir haben nicht genug getan, denkt er. Als es noch Zeit war. Es ist unsere Schuld. Wir hätten deutlicher werden müssen. Wir hätten sagen können: Wir Menschen bestehen doch aus Wasser. Wenn Quellen, Wasserfälle, Flüsse und Regentropfen etwas kosten, dann wird bald auch der Mensch etwas kosten. Ein Neugeborenes enthält mehr Wasser als ein alter Mensch? Ja, genau und darum muss es auch mehr kosten.

Dann öffnet der Großvater das Fenster und atmet die Luft ein, die ihm zusteht.

Die Abrechnung liegt dort drüben auf dem Tisch.

Aus dem Italienischen von Christine Ammann

Kanada

Alida Bremer:
Das Alphabet beschert uns Zufälle. *Kanada* kommt nach *Italien*, das Gedicht von Hélène Dorion über Flüsse folgt der Erzählung von Paolo di Paolo. Der eine sagt:»Dann haben sie auch das Meer verkauft.« Wir»möchten Rückkehr/zum Meer wie ein Tropfen«, antwortet die andere – stellvertretend für all jene»Geschichtsvagabunden«, die sich nach einer besseren, schöneren Welt sehnen.

Michael Krüger:
Freundschaft, Poesie und Engel, die lange Geheimnisse murmeln – in welcher Welt leben wir, dass uns eine solche Dreifaltigkeit wie das befreite Jerusalem vorkommt? Unsere Welt ist hart, kantig, undurchdringlich und kalt, auch wenn wir es anders gewollt haben. Nützt Wollen nichts mehr? Wer stellt die Schrauben gegen unseren Willen?

Hélène Dorion
So viele Flüsse

Den Faden des Labyrinths fest
zwischen den Fingern, hätten wir gerne,
dass sie weniger seltsam sei, die Sache Welt.

Wir wüssten gerne alles über die Planeten,
die Träume, die durch unsere Köpfe
spazieren, wir hätten gerne Galilei,
Newton, Einstein und die leuchtende
Geschichte des Universums in unseren Büchern,

wir hätten gerne Rilkes Klippen, die Wellen
von Virginia Woolf und unseren Garten wie ein Land,
eine Erde, auf die wir unsere Wörter legen,
diese Inseln aus Liebe und Wolken, wir hätten gerne

so viele Flüsse, Früchte, die nicht fallen,
so viele endlose Dämmerungen, morgens,
um einen Tisch herum, Freundschaft, Poesie und Engel,
ganz am Rand, die lange Geheimnisse murmeln.

Wir hätten gerne Gesichter ohne Nacht,
neue Augen, um alles zu sehen
jenseits der Stürme,
Schiffe mit gekappten Leinen,

Brücken über Abgründe
gespannt, den Horizont eines Kindes,
das sein Malheft aufschlägt, sich vorstellt,
es sei Kapitän eines Schoners, der es mit sich trägt,
tief hinein ins Unbekannte, es erfindet sein
eigenes Abenteuer, und die Welt
wird mit ihm ein großes Gedicht.

Geschichtsvagabunden möchten wir sein,
die Coudres-Insel benennen, und die von Orléans,
die Magdalenen-Inseln entlang
dem Sankt-Lorenz*, wir hätten gern Wörter
für jeden Ort und jedes Gesicht, wir möchten

---

* Die Inseln Île aux Coudres und Îles d'Orléans sowie die Magdale-
nen-Inseln sind Inseln der kanadischen Provinz Québec, die im
Mündungsbereich des Sankt-Lorenz-Stroms oder im Sankt-Lorenz-
Strom selbst liegen.

die Augen öffnen, jeden Morgen, möchten Rückkehr
zum Meer wie ein Tropfen, wie ein Blatt
zum Ast eines Baumes, möchten die Schatten sehen
als seien sie Flammen, die zucken,
dann nachgeben unter der Last der Zeit,
das Gras wäre nicht so verwundbar,
die Brandung schwächer, wenn das Herz Schiffbruch
                                              erleidet.

Wir hätten gerne Sterne die sich herabbeugen,
wenn es sehr dunkel ist, die Erde wäre
schön wie ein früher Morgen, wie das kleinste Atom,
das ihr innewohnt, die Hoffnung wäre
weiterhin möglich in unseren Händen, und Träume
hielten ein Leben lang, die Geschichte der Welt
wäre neu zu beginnen im Licht, diesem
sehr frühen Morgenlicht.

Wir hätten die Straße gerne wie einen Atem,
die Glocken zur Freude der Seele,
ein abgelenktes Gewitter, eine Niederlage, die nicht schwer
                                                      wiegt,
und überall Horizont mit immer größeren Segeln.

Wir hätten die Stürme gerne hinter uns,
die Ströme, das Nichts, das Jetzt
und das Immer,
die unsicheren Strudel wie
Schatten, die kommen
und gehen. Wir kämen zurück,
wenn die Dinge wieder ganz wären,
und das Herz, würden fragen,
wo wir sind, wohin wir gehen.

Wir hätten gerne die Rose
und den Regen, den Stein und den Wind,
die unsere Reue auflecken,
alles vom Leben im Mund,
sanft wie ein Gesicht, und rein
wie ein Versprechen,
das Quelle wäre, Wort, und weitläufiger Weg.

Aus dem Französischen von Odile Kennel

Kasachstan

Alida Bremer:
Die Erzählung über eine Schneiderin trägt als Motto einen Satz aus dem Märchen »Die Wichtelmänner« von den Gebrüdern Grimm. In diesem Märchen wird der Traum vom Ende des Alptraums zur Wirklichkeit: Jemand kommt über Nacht, während wir schlafen, und löst all unsere Probleme. Nur dass die kasachische Studentin in Moskau ihre Probleme selbst lösen muss. Und sie löst sie, denn sie hat eine Gewissheit, die ihr hilft.

Michael Krüger:
Noch eine Geschichte der Ungleichzeitigkeit. Wir haben uns daran gewöhnt, dass Kleider nichts kosten. Drei T-Shirts für 9.99, eine Hose für 19 Euro, ein Hemd, Gott allein weiß in welchem Loch hergestellt, 15 Euro, drei für 40 Euro im Angebot. Gewiss, es gibt auch Hemden für 300 Euro, aber von denen ist in der Geschichte über die kasachische Studentin Saule nicht die Rede.

Aigul Kemelbayeva
Die Schneiderin

> *Um Mitternacht kamen Zwerge. Sie setzten sich auf die*
> *Schusterbank, nahmen zugeschnittene Stiefel und fingen an,*
> *mit ihren kleinen Fingern emsig zu nähen.*
>
> nach den Gebrüdern Grimm

Immer wenn Schwierigkeiten auftreten, träumt sie von ihrer heimgegangenen Mutter. »Den Schneider ernährt seine Nadel«, pflegte die Mutter zu sagen und gab ihr ein spiegelglänzendes Kästchen. Im Kästchen lagen blaue, grüne, weiße und rote Stoffe, ein Fingerhut, silberne Nadeln und goldener Zwirn.

Moskau, Studentenwohnheim. Von ihrem Stipendium hatte sie Atlasstoff und ein bisschen Spitze gekauft. Bei Vollmond nähte sie kleine schneeweiße Steppdecken, ihre feinen Finger wölbten sich anmutig. Sie trennte ein großes Kissen auf und entnahm ihm mehrere Hände voll Federn, das Nähen der Puppenausstattung erinnerte sie an ihre Kindheit. Saule hatte eine ganze Menge teures Spielzeug besessen, das wie kleine Kopien von Möbelstücken aussah. Sie hatte das kleine Spielzeuggeschirr des Nachbarmädchens sehr gemocht. Woher hatte sie bloß diese nussförmigen Tassen? Saule, die bis zum Erwachsenwerden mit Puppen spielte, hat ein Auge fürs Nähen. Hätten ihre Schulkameraden von ihrem Hobby gewusst, hätten sie sich ständig über sie lustig gemacht. Wenn Saule ihnen von ihrem Traum von dem engelhaften Mädchen erzählt hätte, in dessen Haar Knospen trieben und erblühten, hätten sie ihr sicher nicht geglaubt.

Einmal hatte sie von einer fremden Puppe heimlich kleine weiße Kapronsöckchen genommen und ihrer eigenen angezogen. »Mama,« sagte sie mit Stolz, »sieh mal, die habe ich bei Tante Yrysty gestohlen!« Würde man so winzige Söckchen im Geschäft kaufen können, hätte sie sie dann gestohlen? Sie ist doch nicht verrückt! Statt sie zu bestrafen, hörte die Mutter nicht mehr auf zu lachen. Sie war Mathematikerin und fertigte nach komplizierten Schnittmustern aus dem Modejournal Kleidungsstücke an. Und die Farben? Saules Schwester war Malerin. Sie hatte Saule bunte Federn von exotischen Vögeln aus dem Lexikon abzeichnen lassen, ganz genau so wie auf den Bildern.

Saule hatte auch eine Kundin: Eine Nachbarin im Wohnheim, eine Aspirantin, die die kleinen Sachen für ihre Tochter kaufte.

Wenn Saules Mutter einen Hefeteig angerührt hatte, ging er immer schnell auf. Mit Saules Einfällen ist es auch so. Sie zeichnet eine Skizze, näht einen Kissenbezug aus Kattun und stickt darauf Karomuster. Flachs und Sackleinen eignen sich gut für Matratzen. Sie näht kleine Steppdecken aus buntem seidigen

Stoff und Atlas. Und ein gestreiftes Bettzeug. Sie faltet die kleinen Sachen zusammen, hält sie ans Gesicht und packt sie ein. Ein Käppchen bestickt sie mit Bockshornmuster. Aus weißem, braunem, gelbem und rotem Wollgarn strickt sie einen *Korzhyn*[*]. Der beste Weber ist die Spinne. Und Saule ist eine gottbegnadete Schneiderin.

Bevor Saule in Moskau mit dem Studium begann, hatte ihr die Mutter eine Menge Geld gegeben, damit sie sich einen Schaffellmantel, Herbst- und Winterstiefel, einen Regenmantel, Halbschuhe, eine Jacke und Kleider kaufen konnte. »Mein Mädchen,« sagte sie, »kauf dir alles neu. Suche dir in der Großstadt die besten Sachen aus. Kleider machen Leute. So Gott will, bekommst du im Sommer dein Diplom. Extra deinetwegen habe ich das Geld gespart. Benutze es für dein Wohl. Pass auf dich auf, hungere nicht grundlos, um abzunehmen!«

Unglücklicherweise stahl ihr jemand im Zentralen Kaufhaus von Moskau eine große Summe davon. In ihrem Brief an die Familie verlor sie kein Wort darüber. Zwei Monate lang erhielt sie keine Unterstützung von zu Hause. Sie sparte das wenige Geld, das ihr geblieben war, und manchmal hungerte sie, so dass sie abmagerte. In der Großstadt von einem Stipendium zu leben, ist unmöglich. Sie schämte sich, Geld auszuleihen. Ihre Handarbeit rettete sie aus dieser Sackgasse. Alle zwei Tage geht sie auf den *Arbat*[**] und sie liebt den Handel mit den Näharbeiten.

Etwas Schlechtes hat oft auch etwas Gutes zur Folge, das weiß sie genau.

Aus dem Kasachischen von Tansulu Rakhimbayeva

---

[*] *Korzhyn*: Packtasche aus zwei gleich großen Teilen. Einen kleineren *Korzhyn* können Menschen tragen, doch es gibt auch Kamelkorzhyn und Pferdekorzhyn.

[**] *Arbat*: Bekannte Straße im Zentrum von Moskau.

Kirgisistan

Michael Krüger:
Was ist das für ein friedliches Land? Wenn jemand einen Stein nach dir wirft, musst du ihn bewirten!

Alida Bremer:
Dalmira Tilepbergenova fragte die Herausgeber dieser Anthologie, in welcher Sprache sie ihren Beitrag verfassen solle. Für Menschen in Kirgisistan ist Mehrsprachigkeit normal – sie entschied sich für Russisch. Und sie nahm die Vorgabe aus unserem Herausgeberbrief, einen Text zu schreiben, der nicht länger als 3000 Zeichen sein sollte, ernst. Mit genau 3000 Zeichen beschrieb sie jene himmelschreiende Ungerechtigkeit, die in patriarchalischen Gesellschaften überall auf der Welt so viel Unglück hervorruft: Den Wunsch der Väter nach einem Sohn. Und die tragische Geringschätzung der Mädchen.

Dalmira Tilepbergenova
Reise mit neun Stationen

Dialog

»Messer, Kraut und Wort – jede Heilung und jeder Mord beruhen darauf«, sagt Ata und schwingt sich auf sein Pferd.
»Was heißt das?«, frage ich. Ich bin sieben Jahre alt.
Ata setzt mich auf die Kruppe des Pferdes hinter sich.
»Du hast ein Muttermal auf der Lippe. Das ist ein Zeichen dafür, dass du vom Wort auserwählt bist.«
Meine verengten Augen werden zu Schlitzen. Ich lächle.

Hoffnung

Aschuu ist ein gefährlicher Gebirgspass. Rechts sind steile Ab-
hänge. Links führt ein Abhang zum Fluss hinunter. Dazwischen
ist ein schmaler Pfad. Schaut man herab, wird einem schwindlig.
»Ich vertraue dir, Sarala, unser Leben an, und dich vertraue
ich Gott an«, sagt Ata und lässt die Zügel los.
»Auf dem Gipfel ist ein Reiter.«
»Das ist die Föhre Hoffnung. Schau sie an, wenn du dich
fürchtest.«
Ich schmiege mich an Atas Rücken. Er beruhigt mich:
»Wenn der Gebirgspass nicht verschneit ist, ist es nicht gefährlich.«

Solidarität

Das Waldstück Tschelek. Die Bergsteiger sind von der Schönheit
der Berge entzückt. Wir haben uns daran gewöhnt. Die Mutter
ist zum fünften Mal schwanger. Ein Sohn wird erwartet. Wird es
ein Sohn, hört Papa auf, mich zu lieben, das weiß ich. Aber ich
bin Papas Tochter, und als einzige trage ich keinen indischen
Namen. Wir sind vier Schwestern. Wir flechten uns gegenseitig
Zöpfe. Sangam ist zehn Jahre alt. Zita ist fünf, Gita drei. Mama
singt auf Indisch. Wir singen mit.
»Wir werden ein Haus haben«, sagt Vater.
»Zita und Gita machen ins Bett. Ich will nicht mit ihnen schlafen.«
»Ihr werdet getrennte Betten haben. Das Gras hier hat Zauber-
kräfte, die Schafe werden rasch an Gewicht zulegen. Wir werden
dem Staat viel Wolle und Fleisch geben, unser Haus fertigbauen,
und dann kommt das bessere Leben!«

Herausforderung

Das Hanffeld ist weit weg von der Jurte. Ich bin zufällig hier. Ich
erblicke meinen Vater und verstecke mich im Marihuana.
Vater richtet sein Gewehr auf den Drogensüchtigen Kara:

»Lass dir das gesagt sein, ich werde dein ganzes Feld abmä-
hen!«

»Das werden wir noch sehen!«

»Drohst du mir etwa?!«

»Ach was, mein Freund!« – Kara versteckt hinter dem Rücken
ein Messer. Ich lache. Vater ist überrascht:

»Was machst du denn hier?!«

Die Kraft des Wortes

Ich wurde bestraft und tue so, als würde ich weinen. Vater reinigt
sein Gewehr. Mutter sagt:

»Wenn es Wölfe sind, was soll's, dann versuchen wir, uns wieder Schafe zuzulegen. Wenn es ein Mensch ist, versteck deinen
Groll und lad ihn zu uns ein. Wir werden gemeinsam beschlie-
ßen, was zu tun ist.«

Vater klickt mit dem Verschluss. Gewehrkugeln kullern auf
das bunte Tischtuch.

Mutter fährt fort:

»Bei uns sagt man, wenn jemand einen Stein nach dir wirft,
antworte ihm, indem du ihn bei dir bewirtest. Es gibt viel Böses,
versuch du zumindest, dagegen anzukämpfen.«

»Du hättest einen Sohn gebären sollen«, sagt Vater im Weggehen.

Ich laufe aus der Jurte hinaus:

»Ich werde dein Sohn sein, Papa, geh nicht weg!«

Vater stößt mich weg.

»Ich hasse dich! Verschwinde«, rufe ich ihm nach.

Freiheit

Ich bin ein Drache, ich fliege über Aschuu, atme Feuer, die Föhre entflammt.

Lampe

Ich wache vom Schreien meiner Mutter auf, sehe unbekannte
Frauen. Vor Angst rufe ich nach Vater.
»Wir sind jetzt Hinterbliebene, Vater ist nicht mehr da!«,
weint Mutter.

Ohne Gesicht

Vater ist wie eine Puppe. Männer ziehen ihn an. Sie drehen seinen Körper, und ich zucke zusammen: Anstelle seines Gesichts
ist ein Leichentuch. Die Männer setzen Vater auf das Pferd. Sie
stützen ihn mit Spießen und schnallen ihn am Sattel fest.

Das Wort ist ein Vogel

Und wieder sitze ich auf dem Pferd, hinter Atas Rücken. Vor mir
zeichnet sich der Rücken des Vaters ab. In der Nähe von Aschuu
setzen bei Mama die Wehen ein. Alle steigen ab, ein Lagerfeuer
wird entfacht. Ich beiße auf dem Muttermal an meiner Lippe
herum, bis es blutet:
»Bitte, Wort, gib mir Papa zurück.«
Das Weinen des Säuglings ist zu hören.
»Ein Sohn ist geboren! Ein Sohn!«
Die Karawane befindet sich am Gebirgspass. Die Leute lassen
die Zügel los und vertrauen ihr Leben der Natur an. Die Pferde
gehen hintereinander, die gelockerten Zügel klimpern. Ich
schaue die Föhre Hoffnung an und habe Angst, sie aus dem Blick
zu verlieren.
Es beginnt zu schneien.

Aus dem Russischen von Mascha Dabić

Kroatien

Alida Bremer:
Als eine Autorin, die aus Kroatien stammt, erlebte Ivana Sajko in ihrer Jugend hautnah den Krieg. Den ersten Krieg in Europa nach dem Ende des Zweiten Weltkriegs. Auch damals flimmerten über unsere Bildschirme Bilder der Zerstörung, Bilder von toten Kindern, Bilder von Flüchtlingskolonnen. War jener Krieg Vorbote der heutigen Zeit?

Michael Krüger:
Wir sind gezwungen, das Leid der anderen zu betrachten: Eine Kolonne verfrorener Flüchtlinge, eine Mutter, die einem Mann ihr Neugeborenes über den Stacheldraht reicht, einen weinenden Vater, der an der Küste seine tote Tochter in den Armen hält. Jeden Tag neue Bilder über neues Leid. Ein Ende ist nicht abzusehen. Was ist dagegen zu tun? Die Autorin schlägt vor, es mit einem Wort zu versuchen, das mit L beginnt.

Ivana Sajko
Das notorische Wort, das mit L beginnt

Ich hatte vor, diesen Text meinen Kollegen in Kroatien zu widmen, die sich mit ihren bescheidenen, aber kreativen Kräften unermüdlich gegen die Rechten, die Klerikalisierung der öffentlichen Institutionen und die Faschisierung der Gesellschaft zur Wehr setzen. Doch der Text entwickelte sich in eine andere Richtung. Ganz unbeabsichtigt. Vielleicht aufgrund meiner Ermüdung in Folge der ständigen Opposition zur kroatischen Regierung, und vielleicht hat mich auch mein vierzigster Geburtstag, den ich als beinahe fatal empfunden habe, zu einer grundsätzlicheren Botschaft verleitet. Diese ergab sich aus meinem Verständnis der derzeitigen Umstände, aus dem inneren Gefühl,

dass in der Dichotomie von Gnade und Gewalt die letztere überwiegt.

Ich schlage den *Guardian* auf. Auf der Titelseite sind Menschen
in verschiedenen Stadien des Leidens zu sehen, deren Verluste
unterschiedliche Ausmaße haben. Eine Kolonne verfrorener
Flüchtlinge an der Grenze zu Ungarn, die gezwungen sind, sich
mit ihren Kindern in den Schlamm zu knien. Eine Mutter, die
einem Mann ihr Neugeborenes über den Stacheldrahtzaun der
türkischen Grenze reicht. Ein weinender Vater, der im Flachwas-
ser an der griechischen Küste seine Tochter in den Armen hält.
Meine Phantasie versetzt mich mechanisch in diese Photos; in
diese Kriege, unter diese Bomben, auf dieses überladene Schiff,
in diese Kolonne, in der ich zum Beispiel zu Fuß den tausends-
ten Kilometer zurücklege und dabei meinen Sohn trage, der vor
Fieber zittert und vielleicht gerade in meinen Armen stirbt. An
dieser Stelle nehme ich üblicherweise eine Beruhigungstablette
und hole meinen Sohn zurück ins Leben. Das nenne ich die derzeitigen Umstände.

Die Gewalt, die überwiegt, und die Dummheit, die herrscht,
und die Ängste, die einen erfassen, verlangen nach der Anwesen-
heit eines Glaubens. Egal, welchem. Dieses Verlangen entsteht
als Reaktion auf den Ausnahmezustand, den man durch ein im-
provisiertes Aufzählen beschreiben kann: Kriege in der Nachbar-
schaft Europas, Konflikte in Afrika, Wahlen in Amerika, das Er-
starken der Rechten in Europa, Autokraten, die militärische
Großmächte anführen, Heranwachsende mit Messern und Bomben, die im Namen eines Gottes töten, den sie selbst verraten
haben, Angstzustände, bevor man in ein Flugzeug steigt und
während einer Fahrt mit der U-Bahn, der Absturz in die Depression aufgrund all jener toten Kinder in den Nachrichten, aufgrund des Jungen in einem Rettungswagen, der sich verwundert
an sein blutüberströmtes Köpfchen fasst, aufgrund der Vergeb-
lichkeit des Mitgefühls, Panikattacken beim Gedanken an die
Zukunft und das Schamgefühl, da ich nicht vermag, meine Ängs-

te zu rationalisieren, fieberhafte Fragen wie »Was kann ich tun? ... Was können wir tun? ...?« Und ein Gedanke, der mich ganz am Ende einholt, ein Gedanke, den ich schon seit dem Krieg im ehemaligen Jugoslawien mit mir herumtrage, als ich noch fast ein Kind war und keine komplexere Antwort geben konnte, ein einfacher und reiner Gedanke, wie all jene Gedanken, die man so früh hat. Liebe. Der Glaube an ihre Kraft und ihre Vernunft.

Das ist jene grundsätzliche Botschaft. Die Liebe rettet die Welt. Vor der Geopolitik. Vor der Ökonomie. Vor der Vermutung, dass wir Menschen infame Wesen sind. Fern von jeder Banalität oder Abgedroschenheit erscheint mir dieser Gedanke heute als eine Strategie, als eine ganz rationale Lösung, bei der man die Vorbedingung für Liebe in den Grundlagen einer notwendigerweise sozialen und linken Politik findet. Dieser Gedanke wischt alle Ängste und Zweifel fort. Und alle Grenzen.

Aus dem Kroatischen von Alida Bremer

Lettland

Michael Krüger:
»Gott ist noch lebendig/und beobachtet uns«, heißt es in der Klage von Inga Gaile. Und was sieht er? Und warum überlässt er seine Schöpfung Menschen, die nicht damit umzugehen wissen?

Alida Bremer:
Eine bessere Welt? Einen Beitrag für eine Anthologie über bessere Welten? Inga Gaile wählte die Form einer höflichen Absage, die sie auch begründete: Sie könne keine Beiträge für Anthologien schreiben, da sie jede Sekunde ihres Lebens mit dem Betrachten ihrer Kinder verbringen müsse. Der Grund dafür ist schrecklich und hat mit einem Phänomen unserer Zeit zu tun. Eine beeindruckende poetische Absage an eine Welt, in der man sich kaum noch eine bessere Welt vorstellen kann.

Inga Gaile
absage

ich weiß nicht, mit welchen worten, wie ich es euch sagen soll,
damit ihr nicht böse seid und auch künftig
auf literaturtreffen und -konferenzen
zu fragen von queer und geschlechtergleichberechtigung
meiner wohlwollend gedenkt,
mit welchen worten, herausgerissen aus der grünen genügsam-
                                keit der wälder,
gewoben in jener zeit der schande und schuld,
die ich nicht mit meinen sonnenstrahlkindern verbringe,
wie soll ich euch sagen, dass ich nichts
werde schreiben können für eure anthologie,
denn in mir ist nichts mehr.

nur ein brennender herd, der das ganze haus in besitz
genommen hat,
in dem es nur eine einzige zeit gibt,
die zeit, da ich schaue zu den lieben
kindern, denen ich wehgetan habe
mit meinem hitzigen charakter,
ich kann euch weder ein gedicht schreiben
noch eine erzählung, nicht einmal einen kleinen scherz,
denn alles, was mir geblieben ist in diesem leben,
ist sie anzuschauen,
gleichzeitig, während ich holz aufs feuer nachlege,
und zur selben zeit
dafür sorgend, dass es nicht das haus niederbrennt.

ich werde nichts vernünftiges für euch zustandebringen können,
weil ich den blick nicht abzuwenden vermag von dem kind,
aus angst, dass in dem moment zwischen dem, wie es sagt
»assa, assa«, und vielleicht bedeutet das wasser,
vielleicht aber auch ist das, was es da nachplappert, der
name der neuen freundin seines vaters.

ich werde mich nicht abwenden können vom kind,
aus angst, dass in dem augenblick zwischen dem, wie es
ein buch aufschlägt, obwohl es noch nicht lesen kann,
und mein herz weich wird wie eine frau,
die ein liebender mann betrachtet,
und zwischen dem moment, da ich bemerken werde,
wie gut mein kind menschlichen kummer versteht,
es zweifel beschleichen kann an meiner liebe,
und es den schmerz nicht aushalten kann.

aufstehen, einen zettel schreiben oder auch nur einfach einen
moment
neben meinem bett stehen, sich umdrehen,

aus dem zimmer gehen,
den gürtel umschnallen und sich auf eine hochzeit begeben.

ein halbwüchsiger schnallt, da die abendsonne versinkt,
den gürtel um und begibt sich auf eine hochzeit,
ein halbwüchsiger, ähnlich jenen, die mit ihren fahrrädern
durch die straßen unserer keinem bekannten stadt flitzen,
bis ein augustendgewitter ihre hatz unterbricht,
eine straßenbahn entern, allen als hindernis,
sich hinfläzen, da sie meine vom minirock
knapp bedeckten beine erblicken, lauter zu reden beginnen,
fluchen. einer von ihnen hat in der tasche der riesigen hose
einen gedichtband. möglicherweise rimbaud.

»mädchen, meine pantherin, du sehnsucht meiner sonnenun-
                                              tergänge,
der grünen brandstätten heldin,
mein mädchen, bleib nun allein,
denn ich gehe auf eine hochzeit,
ein anderer wird dich schützen müssen vor der sengenden
                                              sonne,
vor den grapschenden händen des nachbarn,
ein anderer wird dir sagen müssen, ach, glaub ihm nicht aufs
                                              wort,
zu ihm spricht das gold der hügel deiner festen brüste,
ein anderer wird dir sagen müssen,
begib dich vielleicht fort an einen ort,
wo du es für dich behalten kannst,
denn ich gehe auf die hochzeit.
und über meinem herzen pulsiert noch ein herz,
noch ein,
noch ein,
noch ein
herz,

das ein rachelied singt,
das nicht glaubt, dass der tod der bruder des lebens ist,
das an die gärten des jenseits glaubt mit honig und halva und
daran,
dass in ihnen nicht platz für alle ist.«

ich werde kein gedicht schreiben können für eure anthologie
und keine erzählung, denn all meine zeit beansprucht
das erwarten des morgens,
um erblicken zu können,
wie der mensch, den ich liebe, atmet,
wie im schlaf ihm ruhig der brustkorb sich regt,
in dem dieses herz schlägt,
das auch jene möglichkeit beinhaltet,
den gürtel umzuschnallen und uneingeladen auf eine hochzeit
zu gehen,

zu explodieren auf der hochzeit wie ein feuerwerkskörper,
rot, blau, gelb und golden,
sich in die luft zu sprengen auf der hochzeit,
kinder mit sich reißend, halbwüchsige, menschen,
mit hennabemalten füßen und händen,

»nur du, mädchen, meine pantherin, sonnenuntergangssehn-
sucht,
die du allzuviel lachst und die augen zukneifst, wenn du dich
fürchtest,
nur du bleib daheim,
denn ich glaube ja ganz gewiss,
dass ich in den himmel komme,
dieses einzige quäntchen zweifel,
das lasse ich dir,
geh zu meiner mutter,
setz dich einfach zu ihr,

ich kann nicht schreiben von liebe und freundschaft,
von toleranz und empathie, hilfsbereitschaft, mut,
von einer anderen, besseren welt,
denn ich muss schauen, wie der regen eine pfütze bildet vor
                                                unserem ganz
gewöhnlichen haus,
vor dem nur ein einziger baum wächst,
und wie schön das alles zusammen ist.

darum nehmt es nicht übel,
ich hoffe wirklich, ihr seid nicht böse,
dass ich nicht umhin kann, euch abzusagen,
denn ich muss anderswo sein,
und muss hoffen, den moment zu erhaschen,
da in mir der schmerz erwacht,
der mich den gürtel umschnallen und allein auf eine hochzeit
                                                gehen lässt –
mit zwei herzen und zorn
darüber, dass meine mutter
den schmerz des gebärens nicht aushalten kann,
darüber, dass mein vater das brot nicht im schweiße seines
                                                angesichts verdient,
darüber, dass keiner von uns glaubt –«

gott ist noch lebendig
und beobachtet uns.

Aus dem Lettischen von Matthias Knoll

In der Kleinstadt Gaziantep an der türkischen Grenze erschien an einem Sommertag ein halbwüchsiger Junge auf einer kurdischen Hochzeit und sprengte sich in die Luft, wobei er 51 Menschen tötete, über-
wiegend Kinder.

Liechtenstein

Alida Bremer:
In seiner *graphic story* fragt sich Meikel Mathias, wie unsere Zeit der-
einst aus der Zukunftsperspektive gesehen werden wird. Wer werden wir gewesen sein? Ein künftiger Historiker soll es uns sagen.
Aber wird er unsere Zeit überhaupt noch dechiffrieren können? Welches ist das Maß, mit dem er messen soll?

Michael Krüger:
Alles schwarz, und das ausgerechnet aus Liechtenstein, dem einzigen Land neben Deutschland, wo es eine helle Zukunft gibt.

Meikel Mathias

UND WELCHER VERRÜCKTE WAGT SICH ÜBERHAUPT AN DAS UNTERFANGEN, VERGANGENEN ZEITEN DEN STEMPEL DER EIGENEN AUFZUDRÜCKEN.

...Menschen im 21. Jahrhundert starben zum Teil schon im Kindesalter, weswegen die Angst vor dem Tod im Alltag der damaligen Völker praktisch omnipräsent war.

SELBST DIE JAHRE, IN DENEN MAN SELBST AUFGEWACHSEN IST, ERSCHEINEN EINEM DOCH MITTLERWEILE SO UNSCHARF UND VERZERRT, GAR SO, ALS OB SIE IN EINEM ANDEREN JAHRTAUSEND STATTGEFUNDEN HABEN.

NOCH WAHNWITZIGER IST DA DIE VORSTELLUNG, DASS DERSELBE MANN, DER EIN DURCH KRIEG IN SCHUTT UND ASCHE GELEGTES EUROPA ERLEBT HAT HEUTE SEINEM ENKEL DABEI ZUSIEHT, WIE DIESER SEINE FREIZEIT AM BILDSCHIRM VERBRINGT.

WO HIER IM EINZELFALL AUFSTIEG UND ZERFALL ZU SEHEN IST LIEGT LEIDER NICHT MEHR IN DER MACHT DES HISTORIKERS.

Litauen

Michael Krüger:
Es gibt Perioden im Leben der Zivilisationen, da ist überall Aufbruch, Morgenröte, Vielfalt. So viel Zukunft war nie. Und dann gibt es Zeitläufte, in denen es geradezu verboten ist, von Zukunft zu träumen. Dann kommt sie einfach auf einen zu – und ist schon vorüber.

Alida Bremer:
Eugenijus Ališanka erinnert sich mit melancholischem Zynismus an das Leben »auf der Farm der Tiere«. Die Heirat mit seiner Auserwählten war das größte Zukunftsversprechen, die Flitterwochen im Zimmer ohne Bad dennoch ein Fest. Was die Frischvermählten in diesen glücklichen Tagen nicht sehen konnten, war das Cäsium, das damals aus Tschernobyl kam und seinen tödlichen Nebel auf das Zukunftsversprechen legte: In diesem Bild ahnt man die explosive Kraft einer Metapher.

Eugenijus Ališanka
Erinnerungen an die Zukunft

> *Die Zukunft war früher auch besser.*
>
> Karl Valentin

Als ich auf der Farm der Tiere lebte, noch vor 1984, war Zukunft Mangelware, eine von vielen, zu denen ich keinen Zugang hatte. War ich auch unterwiesen worden, auf allen Vieren zu gehen, so störte doch die enge Verwandtschaftsbeziehung mit Menschen, also war die Familie meiner Eltern sogar an die Peripherie dieser Farm verbannt, in Baracken, die für Zweibeiner vorgesehen waren. Ein Großvater starb bald an Hunger, der andere wurde einfach deswegen erschossen, weil er auf zwei Beinen ging und beim

Pflügen des Feldes ein Pferd eingespannt hatte. Ich war jung und wollte trotzdem eine Zukunft, es glückte mir sogar, mich zu verlieben.

Der Frühling 1986 war warm, besonders der 26. April, an dem Tag steckte ich im Büro des Zivilstandsregisters der Farm der Tiere einen goldenen Ring, dünn wie ein Faden, an den Finger der Auserwählten und versprach, sie zu lieben, bis der Tod uns scheidet. Ich fühlte mich, als hätte ich in der Zukunftslotterie das große Los gezogen. Das Budget für die Flitterwochen passte in die Gesäßtasche der Jeans, es reichte für eine Woche an der Ostsee. Ein kleines Zimmer auf dem Dachboden, die Toilette im Erdgeschoss, zum Händewaschen und Zähneputzen schöpften wir Wasser aus dem Spülkasten der Toilette, denn ein Badezimmer war nicht vorgesehen im Budget der Flitterwochen.

Wie erwähnt waren die Tage warm, eine erfrischende Brise wehte aus Tschernobyl, also sonnten wir uns nach den Liebesnächten am Strand und speicherten dabei den Vorrat an Vitamin D und Cäsium für das künftige Leben. Über das Cäsium schwieg das Radio der Farm der Tiere, ich hörte allerdings auch nicht Radio, ich hörte, wie das Herz der Geliebten unter der linken Brust schlug. Wenn ich jetzt nachdenke, so war *meine* Zukunft schon gekommen, sie war genau hier, nur mit bloßem Auge nicht sichtbar. Wie auch das Vitamin D und das Cäsium.

Man muss sagen, dass auch das Sommerende des Jahres 1989 wegen der Wärme erfreulich war. In der Hauptstadt der Farm der Tiere setzten sich noch immer die Tänze der Schwäne und anderer sterbender Vögel fort, ich machte mich am 23. August aus Anlass des Jahrestages des Molotow-Ribbentrop-Paktes zusammen mit einigen Leuten, die ich nicht kannte, aus Vilnius mit einem wackligen Kleinbus auf zum »Baltischen Weg«.
Wir suchten nach einem Spalt, den wir auffüllen könnten,

doch das Band der sich an den Händen haltenden Menschen schien fester als die vom Theoretiker der Farm der Tiere oftmals erwähnte Kette des Proletariats.

Schließlich zwängte ich mich zwischen mir unbekannte Menschen, ich erinnere mich an die verschwitzte Hand des Nachbarn, denn es war wirklich ein warmer und sonniger Tag. Von Tallinn bis Vilnius entlud sich durch die Hände von zwei Millionen Menschen die Zukunft. Das war schon *unsere* Zukunft, und leider war sie, wie alle Elektronen, mit freiem Auge ebenfalls unsichtbar. Auf der Rückfahrt bekam ich einen unerwarteten Unfall zu sehen. Zwei Ladas, die zum »Baltischen Weg« gekommen waren, konnten sich den Schleichweg neben der Magistrale nicht teilen, ich sah die zerknüllten Seitenteile der Autos und zwei traurige Fahrer. Sie konnten noch immer nicht glauben, dass ihnen eine bessere Zukunft versprochen war.

Erinnerungen an die Zukunft. Gleichsam eine sinnlose Phrase, wie ein Koan oder ein Herumplätschern mit einer Hand. Oder ein Herumplätschern mit einem Leben.

Aus dem Litauischen von Cornelius Hell

Luxemburg

Michael Krüger:
»Unser Italien« steht in Europa an jeder Straßenecke. Die Italiener haben Nachkriegseuropa nicht nur das Essen beigebracht, sondern auch die Häuser gebaut, in denen wir leben. Eine Welt ohne permanenten Austausch ist nicht mehr denkbar. Noch undenkbarer ist ein zivilisiertes Leben ohne »unser Italien«.

Alida Bremer:
Die Spuren des Italienischen, und zwar des Italienischen der Ausgewanderten, verstecken sich zwischen den Zeilen seiner französischen Texte, bilden eine unsichtbare Folie, auf der sich diese Texte entwickeln, schreibt Jean Portante. Es gibt unzählige versteckte Spuren der Sprachen des Südens in den Literaturen des nördlichen Europas! Sie sind oft unsichtbar, wie jene »längst verdunsteten Schweißtropfen« und jene »in den Wind gepfiffenen Opernmelodien«, der italienischen Arbeiter auf den Baustellen Europas. Die Kinder der Einwanderer bemächtigen sich der neuen Sprachen — allen Zweifeln zum Trotz.

Jean Portante
»Unser Italien«

Ich erinnere mich an einen Onkel. Er sagte bei jeder sich bietenden Gelegenheit: Das ist »unser Italien«. Er besaß einen Lastwagen, später dann zwei. Fuhr als namenloser Italiener kreuz und quer durch Differdingen, um Zement zu liefern, Backsteine, Steine, Sand. Sonntags jedoch transportierte der Laster nichts. Seine Ladefläche blieb leer. Mein Bruder und ich kletterten in die Fahrerkabine, und dann konnte die Rundfahrt beginnen. Der Laster durchforstete noch die hintersten Winkel von Differdingen.

Avenuen, Boulevards, Straßen, Gassen. Von einem zum anderen Ende der Stadt.

Das ist »unser Italien«, sagte mein Onkel und hielt vor irgendeinem Gebäude, einem meist nichtssagenden, hässlichen Wohnhaus, oder vor der Kirche, der Schule, dem Rathaus. Das ist »unser Italien« sagte mein Onkel bei jedem Anhalten von neuem. Für mich war »unser Italien« etwas anderes. Bis ich begriff, dass er, der namenlose Italiener, selbst die Baustoffe geliefert hatte, als dies alles noch Baustellen gewesen waren. Dass fast alle Bauunternehmen italienisch waren. Nicht zu vergessen die Maurer. Italienische Hände errichteten luxemburgische Häuser. Südliche Hände für nördliche Häuser.

Heute bleibe ich manchmal vor einem der Wohnhäuser stehen, vor denen der namenlose Laster meines Onkels damals hielt. Vergeblich suche ich nach etwas Italienischem an diesen Häusern, die in einer anderen Zeit von Italienern aus einer anderen Zeit errichtet wurden. Die damaligen italienischen Erbauer, so sage ich mir, müssen doch, genau wie die Handwerker des Mittelalters, von den Besitzern unbemerkt irgendwo ein Symbol, eine Spur ihrer Handschrift hinterlassen haben. Aber da ist nichts. Nichts außer dem über Backsteinen vergossenen Schweiß oder den in den Wind gepfiffenen Opernmelodien. Das ist »unser Italien«: längst verdunstete Schweißtropfen und vom Wind verwehte Lieder.

Der Stolz meines Onkels war ansteckend. Wenn meine luxemburgischen Freunde sagten, »Das ist mein Haus«, hielt ich mich zurück. Dein Haus, hätte ich gerne erwidert, ist »unser Italien«. Aber mein Onkel hatte mich gewarnt. Die Leute, die da drin wohnen, sagte er, wissen nicht, dass sie in »unserem Italien« wohnen. Das ist unser Geheimnis. »Unser« geheimes »Italien«.

Das ist lange her. Ich weiß inzwischen, wie das echte »unser Italien« aussieht. Das Italien, aus dem die Hände gekommen waren, die hier Häuser errichteten. Aber nie hat mein Onkel dieses Italien »unser Italien« genannt. Es war für ihn irgendwo, sehr weit weg. War einfach nur Italien. Sein »unser Italien« war hier, in Differdingen. Dank seines namenlosen Lastwagens. Heute weiß ich auch, dass »unser Italien« kein konkreter Raum war, sondern ein geheimer, namenloser Raum im Raum. Oder eine geheime, namenlose Zeit in der Zeit.

Als der Schriftsteller, der ich heute bin, denke ich, dass es sich mit der Sprache, die der Leser in diesem Moment vor Augen hat, genau so verhält. Dass es eine Sprache in der Sprache gibt. Dass ich auf meine Art, wie damals mein Onkel, das Territorium »unseres Italiens« erweitere. Im Geheimen. Und genau wie ich die Fassaden der Häuser in Differdingen absuche, schaut der Leser auf diese Zeilen und denkt vielleicht, dass das, was er liest, womöglich nicht in der Sprache geschrieben wurde, die er zu lesen glaubt. Dass jede Zeile der sichtbaren Sprache, die so sichtbar ist wie die Häuser von Differdingen, in Wirklichkeit ein neues Stück »unser Italien« ist. Das ist »unser Italien« sage ich zu meinem Sohn, wenn ich ihm meine Texte reiche. Doch er hat gelernt, das echte »unser Italien« zu lieben und schüttelt den Kopf: Papa, was erzählst du da? Er sagt es in der Sprache, die man sieht. Aber was sagt er in der Sprache, die man nicht sieht?

Aus dem Französischen von Odile Kennel

Malta

Alida Bremer:
Auf den Inseln des gesamten Mittelmeerraums kann man Johannis-
brotbäume bewundern: Die langen, dunkelbraunen Hülsen, die von
ihren dünnen Ästen hängen, sehen wie Riesentränen aus. Hinter ihrer Schale, die so verführerisch knacken kann, versteckt sich das
kostbare Fleisch, das der Schokolade in nichts nachsteht, und in ihm
liegen kleine, harte Samen. Sie haben eine einheitliche Größe und
deshalb konnte man sie als Gewichtssteine einsetzen – weshalb die
griechische Bezeichnung für das Hörnchen (für die hörnchenförmi-
ge Frucht des Johannisbrotbaums) Namenspate wurde für das »Ka-
rat«, die Messeinheit für den Feingehalt von Gold. Und Adrian Grima? – Weiß wovon er spricht und glaubt an die Vegetation des
Mittelmeeres.

Michael Krüger:
Jerusalem oder Athen? Stadt oder Land? Orte der Meditation oder
der Ablenkung? Zivilisation oder Natur? Warum ist beides so schwer
zu haben, wo doch jeder weiß, dass ohne eines von beiden das Leben nicht vollständig wäre?

Adrian Grima
Ein Knacken

Ich glaube an das Knacken der Johannisbrotshülsen
zwischen zwei angespannten Handballen.
Ich glaube an jenes versteckte Gummi,
an jenes glänzende Rot, zurückgezogen und aufrührerisch
wie eine Pille.
Ich glaube an die krustige Schale,
an die zähe Haut,

an ihren dunklen Widerstand.
Ich glaube an die kleinen eigensinnigen Blätter.
An das flatternde Grün, das die durstigen Sonnen hänselt.
Ich glaube an die schweigsame Süße der Kaktusfeige,
an die gleichgültigen Stacheln,
an die Hände, die den Rubin
vom Blatt abtrennen,
an das Taschenmesser, das die warme Schale durchsticht,
an die Fülle der ruhelosen Samenkörnchen,
an die rote grüne rosarote Weichheit.
An die Hitze des Taschenmessers glaube ich,
an die Klinge des Rosaviolett.

Ich glaube an jenen Augenblick, an dem diese Heide unter
unseren Füßen
ferne Gebiete willkommen heißt,
wenn die Hand mit dem Zittern einer Fenchelpflanze duftet,
wenn die Kleinblütige Königskerze den fremden Tonfall
neuer Stimmen hört.
Ich glaube an die Geschichten, die sie uns in jenem Augenblick
erzählen,
das Meer der Kindheit,
die zerkratzte Wolle des Schafs,
die Säcke, die mit den großen Gerüchen der Sägespäne aufplat-
zen,
das eigenartige Gefühl einer rot-rosa Weichheit
mit den Samen zum ersten Mal.

Ich glaube an die vorgesehene Reise der Sonne,
die grausam hinter den Hügeln aufgeht
und ohne Gnade im Meer von *Għajntuffieħa* und *tal-Mixquqa*
untergeht.
Ich glaube an die Worte im Schatten auf diesem roten
Flachland,

an die heimtückische Aussage des Düngers auf den dem Felsen
                                    abgerungenen Feldern,
an die Antwort des Thymians,
an die Wolfsmilch.
Ich glaube, dass alles hier beginnt,
in diesem Knacken,
in der Hand, die die Blätter der Kaktusfeige in fleischige
                                    Segmente schneidet,
an die fressenden Schafe.
Alles fängt von hier an,
von allem, was der Abend will,
von wenigen starrenden Menschen.

Aus dem Maltesichen von Ray Fabri

Mazedonien

Michael Krüger:
Bitte seid so freundlich und hinterlasst den Platz, den ihr ein Leben lang besetzt gehalten, so, wie ihr ihn vorgefunden habt. Das war die Ethik der Großmütter, ein nie kodifiziertes Gebot. Und was ist daraus in zwei Generationen geworden?

Alida Bremer:
Wozu dient die Politik, wozu dienen die Regierungen, wenn sie unfähig sind, in Katastrophenfällen für die Bürgerinnen und Bürger ihres Landes zu sorgen? Und was passiert, wenn Täter und Opfer nicht mehr zwei klar voneinander getrennte Dinge sind? Wenn Achtung und Verachtung sich vermischen? Wenn sich Hilfe in der Wirklichkeit des Hilflosen in ihr Gegenteil zu wandeln scheint? Ideologien haben oft haarige Unterseiten. Und manchmal ist es eben eine gewöhnliche Unterhose, die uns auf diesen Umstand hinweisen kann.

Rumena Bužarovska
Unterhosen

Für Elena N.

Meine Tochter wachte mit geröteten Augen auf. Zuerst dachte ich, es käme vom Weinen, von gestern, als sie »aus dem Einsatz« nach Hause kam, wie sie es nannte. Drei Tage schon ging sie zu verschiedenen Stellen in den überschwemmten Dörfern. Sie wusste, dass ich dagegen war, und deshalb provozierte sie mich nicht mit den Geschichten darüber, wie sie sich nur unter Mühen mit Taschen voller Nahrungsmittel durch die verschütteten Straßen kämpften, um zu den vergessenen Bewohnern zu gelangen, die seit Tagen inmitten von Schlamm und Dreck ausharrten,

ohne Wasser und Strom. Als sie gestern nach Hause kam, tat sie
mir leid mit ihren geschwollenen, roten Augen, ihr Gesicht hatte
in diesen drei Tagen einen so ermatteten Ausdruck angenom-
men, dass sie ihrer Mutter kurz vor deren Tod glich.

Ich fragte sie, wie es ihr ging und wie es gelaufen war, obwohl
man es ihr ansehen konnte. Sie zuckte mit den Schultern, holte
Luft und versuchte, etwas zu sagen. »Ich kann nicht«, sagte sie
mit erstickter Stimme. »Es war so schrecklich. Nur alte Menschen, vollkommen vergessen. Einige von ihnen sind Invaliden.
Niemand ist gekommen, um ihnen zu helfen. Wir waren die Ersten. Und sie waren trotzdem dankbar und sagten, wir sollten uns
keine Sorgen um sie machen. So wie andere Katastrophen vor-
beigegangen seien, werde auch diese vorbeigehen.« Sie winkte
ab, als wollte sie eine Fliege vor ihrer Nase verscheuchen,
schluckte, um das Weinen zu unterdrücken, denn sie wusste,
dass ich zu ihr sagen würde, sie dürfe sich nicht weiter quälen
und zu diesen Orten gehen. Und dann fragte sie mich, wie es den
Kindern ging. »Alles in Ordnung, entspann dich. Sie schlafen«,
sagte ich. Sie duschte lange, wie an den Abenden zuvor. Und am
Morgen erwachte sie mit roten Augen – aber nicht etwa vom
Weinen, sondern von einer Infektion. Sie tränten ständig, es bil-
dete sich eitriges Sekret, und so sehr sie sie auch mit lauwarmem
Wasser wusch, der Juckreiz ließ nicht nach. Mit so geröteten und
geschwollenen Augen, ausgemergelt und bleich im Gesicht, setzte sie sich an den Esstisch und erzählte mir, dass sie sich auch
einen Darmvirus eingefangen habe und ihr Hals kratze.

»Deshalb habe ich dir gesagt, du sollst dort nicht hingehen.
Jetzt hast du eine Infektion. Und ehe man sich's versieht, hast
du auch die Kinder angesteckt. Bist du eigentlich noch zu retten?«

»Papa, dort gibt es Menschen, die mit offenen Wunden herumlaufen«, sagte sie zu mir. »Kinder, die in Hausschuhen durch
den Schlamm waten. Es liegen tote Tiere in den Höfen und Kellern. Überall nur Dreck und Kadaver. Aber sie gehen in Haus-

schuhen spazieren. Und niemand ist gekommen, um ihnen zu helfen. Keiner ist hier noch zu retten.«

»Aber das musst doch nicht alles du tun«, beharre ich. Ich weiß, dass ich sie hiernach nicht noch einmal gehen lassen werde. Ich werde damit drohen, dass ich nicht mehr auf die Kinder aufpasse.

»Jemand muss es tun. Papa, die Leute dort haben keine Unterhosen«, sagt sie zu mir. Ich sehe, dass die Geschichte hier noch nicht am Ende ist, also schweige ich und schaue sie an.

Sie erzählt mir, wie sie in der schrecklichen Straße bei den dankbaren, vergessenen alten Frauen und Männern waren. Wie sie sich nur mit Mühe aus dem Schlamm dort befreit und gegangen waren, um Hilfe in eine andere Straße zu bringen, und wie, als sie die Türen des Transporters aufmachten, sich vier ältere Tanten davor zusammendrängten. Sie alle trugen Shirts mit den bekannten Slogans: *Wähle Taten, die Wahl ist Mazedonien*, Shirts mit dem Aufdruck VMRO in goldenen Buchstaben, von Schlamm und Fäkalien beschmutzt. Unter ihnen tat sich eine besonders laute hervor, ein Alphaweibchen, wie meine Tochter sagte, die sich bei den Freiwilligen beklagte, dass niemand gekommen sei, um nach ihnen zu sehen, dass niemand Hilfsgüter an sie verteile.

»Sie hat gelogen«, die Stimme meiner Tochter wird lauter. »Ich erinnere mich noch vom vorhergehenden Tag an sie – wir haben die gleiche Frisur, deshalb habe ich sie mir gemerkt – zwei Tüten habe ich ihr gegeben.« Die Frau begann, nach Dingen zu suchen, die sie nicht brauchte: Windeln, Babybrei. Am Ende fragte sie nach Unterhosen. Meine Tochter wühlte sich durch die Kisten im Transporter. Ich stelle sie mir vor, mit den zitternden Fingern, die an Violinsaiten geübt sind, mit den Storchenbeinen, die wie junge Triebe in den riesigen Stiefeln stecken – und es erfasst mich ein wenig der Zorn. Er erfasst auch meine Tochter, als sie mir erzählt, wie sie schließlich Unterhosen für die Alpha-Tante fand, die aber bereits gegangen war, und wie sie ihr hinterherrannte, um ihr die Unterhosen zu geben. »Bitteschön«, sagte sie zu ihr, »jetzt habe ich welche gefunden.« »Woher seid ihr jungen Leute denn alle?«, fragte eine andere Tante. Meine Tochter sagt, es sei ein Fehler gewesen, zu erzählen, woher sie kamen, dass sie die Opfer der Überschwemmungen nicht so hätte irritieren dürfen. Es sei ihr herausgerutscht. »Wir sind von der Bunten Revolution.« Die Alpha-Tante gab ihr wütend die Unterhosen zurück. »Von euch brauche ich nichts! Verschwindet!«, schrie sie. Meine Tochter ging weg, und auf dem Weg fragte eine andere Nachbarin nach den Unterhosen, doch die Alpha-Tante kam bis zum Transporter, diesmal bewaffnet mit einem Handy mit Kamera, und bedrohte die Nachbarn: »Ich photographiere euch alle. Nehmt nur von ihnen. Wollen wir doch mal sehen, wer es wagt, etwas von diesen Bunten Revolutionären anzunehmen.«

»Als das Erdbeben war, zog der Liebhaber meiner Mutter meinen Vater aus der Wohnung. Vaters Bein war zerquetscht, er war unter den Trümmern begraben. Deshalb hat er sein ganzes Leben lang gehinkt, du erinnerst dich«, sage ich zu ihr. Meine Tochter ist ein bisschen verwundert über das, was ich ihr da erzähle. »Es kam auch die Frau des Liebhabers, sie half uns, etwas vom Hausrat zu retten. Das war's.«

Wir schweigen.

»Sollen sie in Scheiße ersticken«, sage ich. Sie sagt nichts.

»Wirst du wieder hingehen?«

»Nein«, sagt sie und sieht mich frech mit ihren blutunterlaufenen Augen an.

Aus dem Mazedonischen von Alexander Sitzmann

Moldawien / Republik Moldau

Alida Bremer:
Das Tagebuch der Bridget Jones und *Sex and the City* auf moldawische Art? Nicht nur die Grundbedürfnisse der Menschen gleichen sich überall auf der Welt, auch das ironisch-komische Schreiben über heiratswillige junge Frauen scheint allerorts ähnlich zu sein. Nebenbei erfährt man, welchen Stellenwert in Moldawien die rumänische Staatsbürgerschaft hat – immerhin ist das Nachbarland Rumänien in der EU! Sie ist eine Art wertvolle Mitgift und ein Ausweg. Wenn es mit dem Heiraten in Moldawien nicht rechtzeitig klappt, gilt sie, so habe man gehört, noch immer als Eintrittskarte in die Junggesellenheime Europas, in denen das Alter einer Braut keine Rolle spielt.

Michael Krüger:
Zukunft heißt, den richtigen Mann einzufangen, mit dem Zukunft denkbar ist! ER muss nicht schön sein und nicht reich, aber er muss Zukunft haben. Und wie lange soll Zukunft dauern? Ein ganzes Leben!

Liliana Corobca
Das Reich der alten Jungfern: Der Traum

Wir kommen abends müde an, können nichts mehr tun, legen uns auf die Betten und reden. Beinahe jeden Abend, seit einem halben Jahr. Darüber, wie wir heiraten werden. Ich verstehe nicht, warum wir uns nicht langweilen. Wie es uns bis jetzt so ergangen ist, und aus welchem Grund. Ich führe ihr alle meine Geliebten vor, dann ist sie dran (Geliebter heißt nicht nur der Junge, den man wenigstens einmal auf den Mund geküsst hat, sondern auch derjenige, den man gerne auf den Mund geküsst hätte). Mehr als die Hälfte unserer Auserwählten, die sogenannten Geliebten, können sich die treue Anhänglichkeit, mit der wir sie beehren, nicht einmal vorstellen. Wir sind unerschöpflich darin, Probleme aufzuwerfen und anschließend zu lösen. Es ist so, wie es ist, die Männer suchen reiche Frauen. Sie suchen auch schöne und gescheite und darüber hinaus Jungfrauen. Nicht alle. Wir sind nicht reich, aber es haben auch schon viele Frauen geheiratet, die nicht reich waren. Wir zählen eine ganze Menge davon auf, sie waren sogar ärmer als wir, armselig, ohne rumänische Staatsbürgerschaft, und sie wurden offiziell angefragt. Haben sich sogar kirchlich trauen lassen. Siehst du, Reichtum ist kein Kriterium. Gewiß, dass wir noch nicht verheiratet sind, liegt nicht an unserer Armut. Ich würde mich nicht beklagen, wenn ich einen armen Mann hätte, wichtig ist, dass man sich gut verträgt; wir könnten auch in einem Kämmerchen im Heim leben, es leben ja auch andere so. Ja, die wohnen dort und sind glücklich. Nun ja, ein etwas wohlhabenderer Mann wäre schon nicht schlecht, aber sehr reich, neeein, der will alle seine Kapriolen durchsetzen, da musst du Magd und Köchin zugleich sein. Oder aber er nimmt sich zu junge und hübsche Dienerinnen. Tja, so ist's. Die Reichen suchen und finden reiche und junge Mädchen, bildhübsche, und wir ... Virginia hat mir gesagt, die Mädchen in Europa heiraten mit vierzig Jahren, denn mit dreißig sind sie zu jung und noch nicht bereit zu solch einem wichtigen Schritt. Wir bleiben noch etwa fünf Jahre in Wohnheimen, und wenn sich keiner an uns bindet, gehen wir nach Europa. Petruţa: Wäre ich schöner, ich hätte längst geheiratet. Ich versichere ihr, dass sie schön ist, welche Augen, die Taille, ein Zuckerstück! Und wie viele Häßliche heiraten, so richtig Häßliche! Mir fallen zwei, drei Fälle ein, sie erinnert sich an zwei, drei Fälle. Tja ... Auch die Faulen und Trägen, die keine Speisen zubereiten können und sich nicht um den Mann kümmern, heiraten. Wie denn, da gerät dir so ein Musterexemplar von einem Mann ins Netz und du verwöhnst ihn nicht, du nährst ihn nicht mit Leckereien, verhätschelst ihn nicht? Herrje, wenn wir heiraten würden, unsere braven Prachtkerle hätten es gut! Wir überbieten uns im Aufzählen der Suppen, Braten, Soßen und Pfannkuchen, die wir zubereiten können, auch Nachspeisen, Kuchen, Torten, Pfannkuchen – noch einmal, diesmal mit Marmeladen, beim ersten Mal waren sie mit Käse gefüllt, aber nicht viel, das richtige Maß, damit sie nicht zu dick werden und nicht mehr durch die Tür passen oder uns in der Nacht mit ihren ausufernden Bäuchen erdrücken! Petruţa unterbricht mich, sie kommt mit den Pfannkuchen nicht so gut zurecht! Alles kann sie zubereiten, bloß bei den Pfannkuchen will es nicht recht klappen. Lass nur, bis zur Hochzeit wirst du's lernen! Andere aber essen in Pizzerien und Restaurants, kümmern sich nicht ums Kochen und ruinieren damit den Magen des Mannes! Wie würden wir uns um sie bemühen! Man sieht sie in den Wohnheimen in zerschlissenen und zerrissenen Klamotten herumlaufen, wir haben Spaß am Flicken und Strümpfestopfen, alle unsere unzähligen Fertigkeiten vorzuführen. Vielleicht wünschen sich die Männer unterwürfige Frauen? Und wir sind nicht unterwürfig genug oder gar überhaupt nicht unterwürfig? Ich glaube, ich bin unterwürfig genug. Ich würde mich immer an das Wort des Mannes halten, ihm niemals widersprechen, würde sofort auf ihn hören und tun, was er wünscht. Petruţa stimmt mir zu. Man darf ihn nicht anschreien und nicht ausschimpfen. Petruţa ist einverstanden. Ihm nichts vorwerfen, wenn er einen Fehler macht, etwas verliert oder vergißt oder lange eine Frau anschaut. Wir werden gute Ehefrauen sein. Beinahe ideale.

Ich: Die Männer wissen nicht, welche Schätze hier in diesem Heim in Fundeni verschimmeln.

Petruţa, damit sie nicht dahinter zurückbleibt: Welche Perlen! Schließlich werden auch wir heiraten, du wirst sehen.

Weißt du, alle diese verdorbenen Frauen nehmen sich die besten Männer, und für uns bleiben die schmierigen Kerle und die Lumpen übrig.

Die guten Männer heiraten bis dreißig. Auch die Mädchen würden heiraten, hätten sie bloß jemanden dazu.

Und wenn sich einer der vierzig nähert, denkst du gleich, was mag mit dem gewesen sein, was hat der getrieben, dass er nicht verheiratet ist. Du kriegst es mit der Angst zu tun, machst dir Sorgen.

Nun lass gut sein, noch ist keiner angerannt gekommen.

Und wenn wir bis jetzt heldenhaft gewartet haben, kann ich nicht einfach die Augen schließen und den erstbesten räudigen Kerl nehmen. Auch das sind Menschen, aber sie mögen unter sich bleiben, sich an die eigenen Nasen fassen: Die Geschiedenen mögen Geschiedene nehmen, die Verdorbenen – Verdorbene, die Verwelkten – Verwelkte, die Ausgezehrten – Ausgezehrte!

Petruţa träumt von einem Mann, der so rein ist wie sie selbst (sie ist sehr gläubig). Sie werden aus Büchern lernen, wie sie sich zu lieben haben, was heißt hier, vor mir mit einer anderen Frau ins Bett gehen und mich damit beflecken. Zu Hause hat sie zwei Bücher über die Liebe und das Paar, eines in russischer Sprache und das andere auf Rumänisch. Ich habe sie einmal gebeten, sie mir auszuleihen, damit auch ich ein bisschen was erfahre, aber sie will sie nicht mitbringen. Ich glaube, sie hat sie noch gar nicht gelesen, denn vor der Hochzeit wäre es Verlockung und Sünde.

Nach solch einem stärkenden Gespräch schlafen wir ein, als hätte uns Gott auf die Wangen geküsst.

Aus dem Rumänischen von Ernest Wichner

Dieser Romanauszug ist dem Buch *Imperiul fetelor bătrâne* entnommen, erschienen 2015 bei Cartea Românească (Bukarest, Rumänien).

Monaco

Michael Krüger:
Das *mare nostrum*, unser Mittelmeer. Wem gehört es?

Alida Bremer:
Rolf Palm, dessen Kindheit von den Liedern der Hitlerjugend und den Bombennächten in Köln geprägt war, lebt heute in Monaco. Er beschreibt die Initiative von Fürst Rainier III., eine ökologische Schutzzone am Mittelmeer zu errichten, als eine Initiative, die »glückliche Wirkungen« ermöglichte. Vor allem in der Ökologie versteht man: Das Mittelmeer bildet eine unzertrennbare Einheit. Auch Syrien liegt am Mittelmeer. Auf syrische Städte fallen heute Bomben wie einst auf Köln. Alles ist miteinander verbunden, im Raum und in der Zeit.

Rolf Palm
»Glückliche Wirkungen« für Köln, Mossul, Aleppo und das Neandertal

Goethes Jahrhundert, das »man nicht verändern kann«, prägt die Französische Revolution. Das Jahr seines Schillerbriefs ist das von Napoleons Eroberungen in Italien (nebst Vatikan), Schweiz und Ägypten.

Auch ich habe als Kind ein zunächst scheinbar »unveränderbares« Jahrhundert erlebt: Hitlers Aufstieg, Marschmusik, Paradeschritt, Bombennächte in Kölner Kellern, Nachthimmel-Feuerwerk aus Scheinwerferfingern und Leuchtspur-Granatenketten, rasselnde Panzer in Trümmerstraßen. Mir erschien Krieg als ein normaler Existenzzustand der Menschheit. Und in der Hitler-Jugend sangen wir: »Wildgänse rauschen durch die Nacht … habt acht, die Welt ist voller Morden!« So klangen meine Kinderlieder.

Und nie wieder gab es für Kinder derart herausfordernde Abenteuerspielplätze zu erkunden: Ruinen sechsgeschossiger Bauten, ausgebombt und ausgebrannt, doch erkletterbar über hängende Treppen und Träger bis in alpinistische Höhen.

Nie wieder? Doch. Nämlich heute in Aleppo, Mossul, Sanaa. Sehe ich Bilder dieser Städte voller Mord und Gewalt, sehe ich das Köln meiner Kindheit, vertraute Szenerien.

Morbide Nostalgie? »Alles-schon-gesehen«-Arroganz des Alters? Traum oder Trauma?

Ich war in Sanaa, im Jemen, vor dreißig Jahren, als es mit seinen hohen Jahrtausend-Häusern noch bunt und schön war, ein bewohntes Museum. Der deutsche Botschafter überflog es mit mir in seinem Sportflugzeug. Und vom Fluglotsen im Tower, ausgebildet in Frankfurt, kamen die Kursmeldungen auf Hessisch.

Heitere Erinnerungen, heute voller Tristesse. Wie die an Damaskus, damals, mit seinem riesigen Autobasar, Wagen aus Europa für den ganzen Orient bis Iran und Oman. Wie die an Bagdad, damals das quirlige Erbe seines Mittelalter-Kalifen Harun al-Rashid. Wie die an jenen Bagdadi, der mir durch die halbe Stadt ein vergessenes Feuerzeug nachtrug. Trägt er heute eine Kalaschnikow? Einen Sprenggürtel?

Als Goethe forderte, »glückliche Wirkungen vorzubereiten«, ging Schiller zwei Tage später noch weiter: »Und warum den Sektengeist, der sich für das Schlechte oft sogleich zu regen pflegt, nicht auch für das Gute wecken?«

Einer, der den »Sektengeist fürs Gute« weckte, war Monacos Fürst Rainier III.

Früh schon, vor fast einem halben Jahrhundert, befürchtete er eine Verschmutzung des Mittelmeers durch Tankerunfälle und Zivilisationsmüll. Vergeblich alarmierte er die Nachbarn Frankreich und Italien. Doch unbeirrt stemmte er ab 1970 – »sektiererisch« mit nur zwei Küsten-Stadtverwaltungen – das Umweltschutzprojekt RaMoGe, benannt nach dem französischen Saint-Raphael, Monaco und dem italienischen Genua. Erst seit 1981 wirken auch Italiens und Frankreichs Regierungen aktiv mit. So konnte endlich die Mittelmeer-Schutzzone bis La Spezia und Marseille erweitert werden. Und sie heißt, auch unter Rainiers Sohn Albert, immer noch RAMOGE – als Hommage an den Monaco-Fürsten und seine Vision. Zu deren Erbe gehört gewiss nun auch 2017 die Einigung von 24 Regierungen auf die Schutzzone im antarktischen Rossmeer, viermal so groß wie Deutschland.

Aus meinem zerstörten Köln wurde eine Millionen-Metropole. Und auch das Neandertal, wo vor 30 000 Jahren unsere Urvorfahren ausstarben, hat längst wieder eine Gegenwart, sogar mit Gleisanschluss: Die Regiobahn-Linie S 28 zwischen Mettmann und Kaarst, über Düsseldorf. Und auf »Radio Neandertal« (UKW 97,6) verschafft es sich Gehör.

Manchmal dauert es eben, bis »glückliche Wirkungen« Realität werden. Wird es sie einst auch für Mossul, Aleppo und Sanaa geben?

Mongolei

Alida Bremer:
Wir erleben die letzte Stunde im Leben eines dreißigjährigen Mannes, der über die Zeit nachdenkt, vor allem darüber, wie Zeit in der Sprache spürbar wird. Wie Zeit und Raum durch unsere Sprache rinnen oder wie wir mit Sprache Zeit und Raum ertasten, und dennoch allzu oft die wichtigsten Dinge übersehen. Bis eine Vollbremsung sie uns zeigt.

Michael Krüger:
Einem wird klar, dass er umsonst gelebt hat? Wie entsteht ein solches Gefühl? Oder genauer: Warum entsteht es? Und warum fragen andere nie danach?

Gun G. Ayurzana
Adjektive der Zeit

Er unterteilt die Adjektive – die eitelste und am leichtesten ihre Bedeutung verändernde Wortart – in drei Gruppen. In der ersten finden sich die Adjektive der Zeit. Die gängigsten davon sind »neu« und »alt«. Und es geht weiter.

Er sieht eine Frau, die am Straßenrand sitzt und Bananen verkauft. Eine junge Frau. »Jung« und »alt« – beides sind ebenfalls Adjektive der Zeit. Die junge Frau schaut ihn an, ihre Blicke treffen sich. Eine Schönheit ist sie nicht. Doch augenblicklich hat er den Wunsch sich ihr zu nähern und ein Stück Obst zu kaufen.

»Was kostet eine Banane?«

Sie lächelt und murmelt – er kann es nicht verstehen – irgendeine Zahl. Die Bananen sind in Bündeln schichtweise aufgereiht und präsentieren sich teils in brauner, teils in heller Farbe. Sie hebt eine hellgrüne Banane hoch, und sagt:

»Diese hier schmecken doch gut. Willst du sie nehmen?«

»Nein, nein. Ich mag eher die reifen. Hab' aber gerade kein Geld dabei.«

Sie hört auf zu lächeln, setzt sich wieder hin und liest Zeitung. Irgendwie scheint es, als wäre sie enttäuscht. – Hätte ich diese unreifen Bananen doch noch nehmen sollen?«

»Unreif« – ist auch ein Adjektiv der Zeit. Selbst faules Obst wird durch Adjektive der Zeit definiert. Selbst die Qualität vergammelter Früchte wird am Zeitverständnis gemessen. Überhaupt, es ist schwer einen richtigen Zeitpunkt zu finden. Zu früh dran – man isst unreifes Obst, zu spät – man geht leer aus. Oder man bekommt Bauchweh durch verdorbenes Obst. »Verdorben« ist ein weiteres Adjektiv der Zeit.

Bald darauf kommt der Bus, groß und rot. »Groß« und »rot« – keines davon ist zeitrelevant. »Groß«, »rot«, »länglich«, … wie könnte man den Bus noch beschreiben? Doch, das alles sind Adjektive des Raums. Ein vollleibiger, voluminöser Mann stößt ihn mit seiner Schulter aus dem Gleichgewicht und drängelt sich an ihm vorbei. Ha ha ha … »vollleibig«, »voluminös«, »dick« – der Typ besteht durch und durch aus Adjektiven des Raums.

Dass er so plötzlich allein für sich gelacht hat, macht ihn verlegen und er schaut sich um. Keiner hat es bemerkt. Drinnen im Bus hält er sich mit seiner mageren Hand an einer Querstange fest – um sein Handgelenk schlackert eine zu groß geratene Armbanduhr hin und her.

Plötzlich werden alle Fahrgäste nach vorne geschleudert. Frauen stoßen Schreie aus, man hört einen kleinen Jungen weinen.

»Hey, was tust du da?«, brüllt der vollleibige, voluminöse Mann in Richtung Fahrer.

»Entschuldigt bitte, ein Hund lief auf die Straße«, erklärt der Fahrer durch den Lautsprecher und fragt: »Seid ihr alle wohlauf?«

»Alles gut«, erklingt eine Stimme aus dem hinteren Teil des Busses. Während unser Adjektiv-Forscher gerade noch das ganze Geschehnis wahrnimmt, versucht er die längst verlorene Querstange wiederzufinden. Er greift ins Leere und stürzt die Treppe an der mittleren Tür hinunter. Bei einer Vollbremsung knallt er mit dem Kopf gegen eine Stange.

Er stirbt im Krankenhaus ohne wieder Bewusstsein zu erlangen.

»Er wacht nicht auf«, hört er deutlich die Schwestern und Ärzte sagen. Als ob man schlummerte. Der quälende Kopfschmerz ist unerträglich.

Während er schlummert, kommt ihm nicht seine Ehefrau, sondern eine kleine hellhäutige Frau – Suvdmaa – in seine Gedanken. Er versteht überhaupt nicht, warum er ausgerechnet jetzt an sie denken muss. Ihre kleinen schmalen Lippen küssten gierig, aber zugleich irgendwie oberflächlich. Das Gefühl, dass sie ihre Lippen bewusst halb öffnet, lässt erst recht sein Verlangen nach ihrer Zunge anwachsen. Genau jetzt, in diesem Augenblick, möchte er diese Lippen noch einmal liebkosen.

»Er schafft es nicht!«, kitzelt jemandes ruhige, sachliche Stimme sein Trommelfell.

»Ich sterbe also«, denkt er. Er überlegt, dass es besser wäre, während des Sterbens an seine Frau zu denken – doch er wird die Erinnerung nicht los, wie er Suvdmaa, die er die letzten drei Jahre nicht einmal getroffen hat, geküsst hat. Welch eine Schande! Es ist wahr, dass er sie leidenschaftlich begehrt hat, doch Liebe war es nicht gewesen.

»Er sagt was. Ich glaube er ruft jemanden.« Wieder diese sachliche Stimme, in einem neugierigen Ton.

»Wer, ich? Ich werde doch nicht den Namen des Flittchens laut rufen, bevor ich hier sterbe? Das wäre …«

Natürlich war Suvdmaa kein Flittchen. Doch dank dieses Gedankens sah er endlich das Gesicht seiner Frau vor sich.

»Ich wünschte, ich könnte den Namen meiner Frau rufen.«

Es scheint, als ob er statt des Namens seiner Frau ein anderes Wort gesagt hat.

»Doch welches Wort? Vielleicht ein Adjektiv? Welches Adjektiv?«

Sein Kopf schmerzt. Ob das ein Adjektiv ist oder nicht, hat jetzt überhaupt keine Bedeutung. Während sein Kopf unerträglich schmerzt, stellt er fest, dass Wörter wie »Ehefrau«, »Ehemann«, »Vater«, »Mutter«, »Zeit«, »Raum«, hinter einem einfachen Wort verschmelzen. Alles, was er in seinen dreißig Lebensjahren gesagt und erzählt hat, passt in ein einziges Wort hinein, das jeder kennt – und es wird ihm klar, dass er umsonst gelebt hat. Was haben ihm die Leute alles erzählt? Ihm wird schwindelig, das Krankenbett scheint zu kippen. So viele überflüssige Worte. Eigentlich kennen sie alle das eine Wort. Warum hat es niemand gesagt?

Wenn seine Frau jetzt mit Suvdmaa zusammen in das Patientenzimmer träte, bräuchte er kein schlechtes Gewissen zu haben. Es genügt, wenn man nur das eine Wort sagt. War das Leben denn etwas so einfaches?

Doch er kann seine Lippen nicht bewegen.

Er sieht am Himmel der Stadt scharenweise schwarze Vögel vorbeifliegen.

In diesem Moment tritt ein Herr mit Vollbart ein und sagt zu der Schwester:

»Der Patient, der im Bus gestürzt ist und ohnmächtig zu Ihnen gebracht wurde, hatte sein Heft fallen lassen. Ich habe es hergebracht. Geben Sie es ihm bitte, wenn er aufwacht.«

Der Mann sagt noch:

»Ich glaube, das hier ist seine Telefonnummer«, und schlägt die erste Seite des dicken Heftes auf.

Darin ist in Druckbuchstaben zu sehen ADJEKTIVE DER
ZEIT – unten in der Ecke ein paar Zahlen.

Aus dem Mongolischen von Uranbaigali Dalkilic

Diese Geschichte ist der Kurzgeschichtensammlung *The Blues of The
World Where Love Does Not Exist* entnommen, erschienen 2002 bei
Ungut Khevlel LLC (Ulaanbaatar, Mongolei).

Montenegro

Michael Krüger:
»Die Zukunft, das ist doch nur ein Gerücht! Und seriöse Menschen befassen sich nicht mit Gerüchten. Daher verwenden hier die Menschen ihre gesamte Energie auf das Erfinden der Vergangenheit.«
Ein Vexierbild: Ist es nicht schön, in Vergangenheiten zu schwelgen? Warum ist es nicht schön, nur Vergangenheiten zu haben?

Alida Bremer:
In den post-jugoslawischen Kulturen sei die Zukunft mit dem Krieg ausgelöscht worden, so der montenegrinische, in Sarajevo geborene Autor Andrej Nikolaidis. Was ist das für ein Gefühl, das ein Krieg in der Lebenszeit eines Einzelnen hinterlässt? Die Geschichte interessiert sich nicht für einzelne Menschen, doch für sie gibt es nur diese eine Zeit ihres Lebens. Wohin kann man schauen, wenn es nur noch darum geht, Zukunft als ein Ende zu begreifen, das sich nicht gestalten, sondern nur verschieben lässt?

Andrej Nikolaidis
Die Melancholie der Linken

Eines ist den postjugoslawischen Kulturen gemein: die absolute Gleichgültigkeit gegenüber einer besseren Zukunft. Die Zukunft, das ist doch nur ein Gerücht! Und seriöse Menschen befassen sich nicht mit Gerüchten. Daher verwenden hier die Menschen ihre gesamte Energie auf das Erfinden der Vergangenheit.

Warum?

Ich denke, ich weiß warum, weil ich ein Flüchtling war. Weil ich Sarajevo 1992 verlassen habe und nie dorthin zurückgekehrt bin.

Ich will euch etwas sagen, was jeder Flüchtling weiß. Es stimmt

nicht, dass es im Leben immer einen Neuanfang gibt. Es gibt nur
einen Anfang, das Ende kannst du viele Male aufschieben.

Es gibt kein *neues Zuhause*. Das Zuhause ist, was du verlassen
hast, und dein Leben alles, was du zurückgelassen hast.

Ein Flüchtling ist ein Mensch, der immerzu nach vorne geht,
aber dabei zurückblickt, weshalb er immer weniger und immer
unklarer sieht. Ein Mensch, dessen Religion die Nostalgie ist. Ein
Mensch, der nicht fähig ist, sich eine bessere Zukunft vorzustel-
len: Er nutzt seine gesamte Vorstellungskraft dazu, die Vergangenheit zu retuschieren, zu rekonstruieren, zu erfinden — schöner zu machen, als sie je war.

Daher denke ich, dass die jugoslawischen Kulturen, besessen
vom Alten, von Wurzeln, von sogenannten historischen Vertika-
len und von Tradition, eigentlich Erinnerungsalben von Flüchtlingen sind.

Hier ist eine Geschichte aus meinem Erinnerungsalbum.

Als Kind, und mir scheint, als hätte meine Kindheit bis zum
ersten Kriegstag gedauert, kam mir ein Jahr vor wie eine Ewigkeit. Einmal sah ich meinen Vater vor dem Haus in Ulcinj einen
jungen Olivenbaum pflanzen. Ich sprang um den zerbrechlichen
Stock herum und beschloss, eine pragmatische Haltung einzu-
nehmen, also fragte ich meinen Vater, wann wir von dem zukünftigen Baum die ersten Oliven ernten würden.

»In zehn Jahren«, sagte mein Vater. Er hätte ebenso gut »nie«
sagen können – es wäre mir genauso nahe vorgekommen. Aber
von da an stellte ich mir das Jahr vor wie den Olivenbaum. So
wie der Baum wuchs, so verstrich das Jahr. Still und langsam,
nur für das beharrliche und geduldige Auge erkennbar.

Heute *verstreichen* die Jahre für mich nicht: Sie fallen wie
Bäume, doch nicht wie Olivenbäume, sondern wie die Eichen-
stämme in nordischen Wäldern, die im einen Moment noch in
den Himmel ragen und schon im nächsten dem Holzfäller zu
Füßen liegen. Nichts bleibt von ihrer Macht zurück, außer dem
Erzittern der feuchten Erde, wenn sie auftreffen.

Warum nicht die Uhren wegwerfen, warum nicht aus allen digitalen Geräten die Ziffern löschen, die den Lauf der Zeit erkennbar machen? Messen doch alle Uhren nur die Zeit der Dinge: eine abstrakte Einheit, mit der wir das Leben messen, obgleich sie am Leben vorbeifließt, eine sterilisierte und konservierte Einheit. Menschliche Zeit ist etwas völlig anderes: Sie fließt nicht gleichmäßig, keine zwei Minuten oder Stunden sind identisch, ihr einziges wahres Maß ist die Leere, die sie zurücklässt.

Die Geschichte ist eine lückenlose Aneinanderreihung von Katastrophen – ob Schiffbruch, ob Lawine – in der nichts unwichtiger ist als die Frage, ob Andrej Nikolaidis ertrinkt oder verschüttet wird. Genugtuung können nur aufgeblasene Idioten von der Geschichte erwarten – der gewöhnliche kleine Mensch ist, wann immer er mit der Geschichte zu tun hat, Verlierer.

Deshalb weiß der post-jugoslawische Mensch: Unsere Utopie kommt nicht. Sie liegt in keiner Zukunft. Unsere Utopie ist bereits zu Ende gegangen: Das war 1989. Wenn wir uns eine bessere Welt vorstellen, erinnern wir uns im Grunde an sie. Wir lehnen es ab zu hoffen, außer auf das, was unwiederbringlich vergangen ist.

Wir haben nichts, worauf wir stolz sein können, außer auf das, was unter Pfiffen und Spott von der sogenannten Bühne der Geschichte verabschiedet wurde – nebelhaft erinnern wir uns, dass einige dieser Pfiffe aus unseren Mündern zischten. Wir haben keine andere Wahl als noch einmal alles auf das Kartenspiel zu setzen, das bereits beendet ist, auf die Hand, die wir bereits verloren haben. In Gleichgültigkeit gegenüber der Zukunft suchen wir das Glück in dem, was vergangen ist.

Uns interessiert kein besseres Morgen: Nur für Erinnerungen sind wir noch bereit zu kämpfen. Das bessere Morgen ist bereits gefallen, wie eine Rot-Eiche.

Aus dem Bosnischen von Margit Jugo

Niederlande

Alida Bremer:
Wie Gott da gemütlich vor dem Einschlafen Goethe liest und seinen Text als seicht bezeichnet ... Vermutlich den Brief an Schiller über die glücklichen Wirkungen. Hat Gott eigentlich wirklich seine Hausaufgaben gemacht, bevor er loslegte?

Michael Krüger:
Wer den Menschen erfindet, hat damit auch sein Verschwinden erfunden.

Margriet de Moor
Malware

Am späten Abend, die Leselampe war schon ausgeknipst, sprach Gott zu seiner Frau: »Es gefällt mir nicht.«

Sie drehte sich auf die Seite, legte die Hand auf seinen Bauch, dachte: Oh nein, nicht schon wieder, und sagte besänftigend: »Jetzt schlaf doch.«

Einen Moment lang meinte sie, er gehorche ihr, sie spürte, wie sein Bauch sich in dieser seiner allermächtigsten Ruhe hob und senkte. Gut, ein Glück. Und sie begann, an die schönen Dinge von früher zu denken. Wie sie in der leeren, verschwörerischen Finsternis immer im Bett lagen und phantasierten.

Er (einmal): »Licht?«

Sie: »Gut. Mach mal.«

Er: »Wasser und Land trennen?«

Sie: »Einverstanden.«

Er: »Pflanzen? Tolle Fische? Säugetiere?« (Seine Stimme sank, bekam etwas Demütiges.) »Menschen?«

Pause.

Sie (zögernd): »Menschen … ich weiß nicht …«

Eine weitere Pause, ziemlich lang. Sie hatte ein paarmal gestöhnt.

Er (ihr Stöhnen sanft übertönend, ein wenig verlegen): »Die mir in allem gleichen?«

Ah, das ist natürlich etwas anderes. Also gut. Dann lass sie halt kommen, die Ebenbilder, die Lieblinge! Woher, woher nur hätten sie ahnen können, dass diese Ebenbilder, diese Lieblinge sich in kürzester Zeit als unausstehliche Ekel entpuppen würden?

»Ich schaff sie wieder weg. Ich ersäufe sie!«

Er hatte zusammengerollt auf dem Diwan gelegen. Säuerlich riechend. In schwerer Stille lag er da und zürnte.

Als es zu regnen begann, hatte sie sich anfangs gefreut. »Komm, wir setzen uns oben hin.« Dort hatten sie einen kleinen Balkon. Von da aus hatte sie gesehen, wie sich der frische Schauer in brodelndes Himmelsgewölk verwandelte.

Alles wieder finster.

Nirgends ein Schimmer.

Er (zärtlich): »Was hast du, mein Mädchen?«

Ihr Blick entspannte sich.

»Gut, ich lasse ein paar übrig«, sprach er in ihr Ohr. »Von allem zwei.«

Und so geschah es. Alles ging ganz in dem Geist vonstatten, der schon einmal über dem Wasser geschwebt hatte und jetzt (sehr schnell, das muss man schon sagen) seine erste Version von Zeit und Ort durch eine zweite ersetzte.

Na los, weiter geht's!

Die Jahrhunderte verstrichen. Version zwei lebte drauflos und durfte das offenbar auch. Gott schlief oder las ein Buch.

Barfuß, in einem Duft von Jasminparfüm, war sie soeben ins Schlafzimmer getreten. »Was liest du?«

Er: »Goethe.«

Sie: »Bestimmt schön.«

Er: »Seichter Text.« Mit dem Bleistift, den er immer wie eine Zigarette zwischen den Fingern hielt, schrieb er etwas an den Rand.

Sie war zu ihm ins Bett geschlüpft.

Pause. (Jetzt im Finstern.)

Ferne Geräusche draußen, staccatoartiges Rattern, dröhnende Explosionen, die sie schon lange nicht mehr beachteten. Manchmal, in der Nähe, eine einsame Fahrradklingel.

Sie fühlte, wie sein Bauch atmete.

Da sprach er leise: »Ethernet ... Google ... Firefox ... WiFi Hotspot ... Apple ... Facebook ... (Pause. Heulende Vibrationen von draußen.) Ich habe ihnen alles gegeben. Hier, Kinder, greift zu, ist für euch, das ganze verflixte Zeug, wo und wie und wie viel auch immer ihr wollt.«

Er seufzte, neigte das betrübte Haupt: »e-Love ...«

Sie (übertönt von einer schweren Explosion): »Alle Menschen werden Brüder.« (Versucht, es trotzdem zu singen.)

Er: »Binse eines Dichters ... Bewirkt das Gegenteil. Alles ist zu viel.«

Sie: »Soll ich uns ein Glas Tee machen?«

»Überall ist zu weit ...«

Pause. (Geräusche wie zuvor.)

Als es Tag wird, stehen sie auf dem kleinen Balkon. Überrumpelt, trotz allem. Jawohl, sie haben die Mail abgeschickt. Sie hat auf den Pfeil klicken dürfen. Aber diese Stille! Diese Wolken, die den blauen Himmel bedecken! Oh! Oooh! Gottes neue Version ist digital, ohne jedes Wenn und Aber, sofort in Kraft getreten. Nichts auf der Welt funktioniert mehr.

Tauben fliegen vorbei. In der Ferne fährt ein Radler. (Geräusch einer Fahrradklingel.)

Aus dem Niederländischen von Helga van Beuningen

Norwegen

Michael Krüger:
Leserbrief: »Ich habe Angst. So hatte ich mir das Leben nicht vorgestellt.« Antwort: »Jetzt musst du beginnen, das Leben von der Angst
zu befreien.« – »Gibt es ein Lehrbuch, in dem steht, wie man das anstellen kann?« – »Ja, etwa tausend.« – »Aber wenn ich die alle lese,
ist das Leben vorbei!« – »Das wäre schlimm. Also fang einfach an!«

Alida Bremer:
Das Gefühl, dass wir gegenwärtig in einer besonders schlechten Zeit
leben, ist sehr verbreitet, und der junge norwegische Student, der in
seinem Leserbrief schrieb, er habe Angst, drückt dieses gemeinsame
Gefühl aus. Und doch ist die Erinnerung des Autors an seine Jugend
lehrreich: Es gab nie eine angstfreie Zeit. Nur dass sie im Rückblick
so gnädig ist, uns Momente der Komik zu gönnen.

Ingvar Ambjørnsen
Angst und Zeit

In meinen fast fünfunddreißig Jahren im deutschen Exil war ich
immer als Kolumnist und Kommentator für norwegische Zeitungen und Zeitschriften tätig, und seit zehn Jahren bin ich auch
Blogger. In dieser ganzen Zeit wollte ich kleine und große Ereignisse in dem Land, das ich verlassen hatte, nicht aus den Augen
verlieren. In den ersten Jahren lief der Kontakt über ein rau-
schendes Mittelwellenradio (aus Gründen, die ich nie begriffen
habe, ging das nur nach Einbruch der Dunkelheit). Und ungefähr seit der Jahrtausendwende gibt es das segensreiche Internet
mit seiner immer größeren Kontrolle über unsere Zeit auf Erden.
Ein ganz neues Angebot mit gewaltigem Suchtpotential ist der
Gratiszugang zu den Archiven des norwegischen Fernsehens,

NRK, von Anfang der sechziger Jahre bis heute. Ich habe die hellen, verregneten Sommernächte mit einer Dokumentarserie namens »Rückblick auf«, verbracht, in der jedes Jahr so vorgestellt wird, wie es damals im norwegischen Staatsfernsehen eben wirkte. Die halben sechziger Jahre. Die ganzen siebziger, achtziger und neunziger. Meine Jugend zog an mir vorbei, zuerst schwarzweiß, dann in Farben von unterschiedlicher Qualität. Vieles davon wurde gesendet, als es in Norwegen nur einen einzigen Fernsehkanal gab und das ganze Land dieselben Programme ansah, und es werden nicht nur Nachrichten gezeigt, sondern auch Kultur und Unterhaltung.

Und ich habe diese Bilder vorüberflimmern lassen und mich gefragt, was die Zeit mit uns macht, und vielleicht mehr noch, was wir mit der Zeit und der Erde machen. Das Seltsame ist doch, egal, worum es bei diesen Nachrichten aus einer vergangene Epoche geht, egal, wie wichtig oder belanglos die Geschehnisse waren, heute wirkt alles einfach komisch. Wobei ich ja nicht unbedingt über die Nachrichten an sich lache (auch wenn das oft genug vorkommt), sondern über die Komik der wechselnden Moden und Frisuren, der Möbel in den Zimmern, der Tapeten an der Wand. Und darüber, wie sich die Nachrichtensprecher ausdrücken. Ich hatte gedacht, ich müsste mindestens bis zum Norwegisch der vierziger Jahre zurückgehen, um etwas zum Lachen zu haben, aber die verblüffende Wahrheit ist, dass sogar das Norwegisch der neunziger Jahre mir, wenn vielleicht kein Lachen, so doch ein Lächeln entlockt.

Und ich denke: Wie viele Jahre werden vergehen, bis jemand darüber lacht, wie die heutigen Nachrichten präsentiert werden, ganz zu schweigen von den Nachrichten an sich? Die Vorstellung, dass irgendwer in der Zukunft islamistischen Terror oder das Massensterben von Arten, wie wir es derzeit erleben, mit einem Grinsen betrachten kann, kommt mir blasphemisch vor. Nach dem Hassangriff auf Zivilpersonen in Paris am 13. November 2015 schrieb ein junger norwegischer Student in einem Leserbrief an die Osloer Zeitung *Aftenposten*: »Ich habe Angst. So hatte ich mir das Leben nicht vorgestellt.«

Haben wir also die Unschuld endgültig verloren? Jetzt, da das Böse zu uns nach Hause gekommen ist und nicht mehr nur auf dem Fernsehschirm auftritt? Und nicht zuletzt – wie sehr hat meine Generation versagt, wenn wir die Geborgenheit, in der wir selbst aufgewachsen sind, nicht an den jungen Menschen weitergeben können, der in *Aftenposten* über seine Angst schreibt? Und kaum habe ich das gedacht, frage ich mich: Hast du denn die konstante Angst vergessen, in der du lebst, seit du zwölf oder dreizehn und alt genug warst, um zu begreifen, dass die sowjetischen Langstreckenraketen die Kleinstadt, aus der du kommst, in Sekundenschnelle auslöschen könnten?

Die Buddhisten halten den Schmerz in der Welt für konstant. Vielleicht verhält es sich auch so mit der Angst. Und mit dem Lächeln.

Aus dem Norwegischen von Gabriele Haefs

Österreich

Alida Bremer:
Es ist viel leichter zu kritisieren als aufzubauen. Die Kritik an der Bürokratie der Europäischen Union ist allgegenwärtig und bisweilen so intensiv, dass man den Eindruck gewinnen könnte, aus Brüssel käme nichts Gutes mehr für die Bewohner Europas, denn die sprichwörtliche Normierung der Gurkenlänge empfindet tatsächlich niemand als vorteilhaft. Umso schöner ist diese Erzählung über das Kulturzentrum der Albaner in Kalabrien! Erzählt von jemandem, der Süditalien nicht als Tourist, sondern als Reisender besucht.

Michael Krüger:
Albaner, Italiener, und Europäer sowieso. Eine kleine Geschichte aus der Geschichte der Überquerung der Meere.

Karl-Markus Gauß
Gut gemacht, dachte ich mir

Vor einigen Jahren stand ich am Brunnen eines Dorfes hoch im Gebirge Kalabriens und hörte einen albanischen Greis von den Vorzügen Europas schwärmen. Die Ortschaft hing wie angekrallt am Felsen, dessen Schatten den halben Tag über sie gebreitet lag. Die Gassen waren eng, doch führten alle auf ein anmutiges Plätzchen zu, und gerade dort hatte ich gerastet und darauf gewartet, dass einer der Einwohner vorbeikommen und mich ansprechen werde. Das ist mir auf allen Reisen in die entlegenen Winkel unseres Kontinents so ergangen, dass ich nur auf die wichtigste Tugend des Reisenden vertrauen musste, die Geduld, und sich irgendwann immer ein Einheimischer meiner annahm und mich in der Heimatkunde seiner kleinen Welt unterrichtete.

Rund dreißig Dörfer Kalabriens werden heute noch von Nachfahren jener Arbëreshë genannten Albaner bewohnt, die sich im Jahr 1468 aus ihrer Heimat auf den gefährlichen Weg übers Meer gemacht hatten. Damals wurden die Neuankömmlinge, die nach stürmischer Fahrt in Neapel anlegten, von der Bevölkerung allerdings mit Jubel begrüßt, denn halb Süditalien war nach Kriegen, Seuchen, Erdbeben entvölkert und Zukunft, so dachte man, gäbe es nur, wenn neue Menschen in das Land strömten. Das waren die Albaner, die von zuhause aufbrachen, weil die Heere der Osmanen ihren legendären Nationalhelden Skanderbeg besiegt und ihre Dörfer zerstört hatten. Sie flohen, um das nackte Leben zu retten, aber sie nahmen das Kostbarste aus der alten in die neue Heimat mit: ihre Sprache.

Die Arbëreshë von heute sprechen ein altes Albanisch, wie es im Mutterland keiner mehr versteht. Und natürlich sprechen sie alle Italienisch, sind sie, deren Tapferkeit im italienischen Einigungskampf schon Garibaldi rühmte, doch längst Italiener geworden. Viele sprechen aber auch Englisch, Holländisch, Deutsch, weil sie ihr Arbeitsleben in Pittsburgh, Rotterdam oder Unna verbrachten und erst im Rentenalter wieder aus den großen Städten der Welt in ihre Dörfer im Gebirge zurückkehrten. Der Alte, der sich neben mich an das Mäuerchen des Brunnens lehnte, war dürr, als hätte das Leben alles überflüssige Fleisch von seinen Knochen geschabt, aber hellwach und mitteilsam. Natürlich, sagte er auf meine Frage, bin ich Albaner. Und natürlich bin ich Italiener. Und Europäer sowieso. Was für ein seltsames Wort an diesem Ort, dachte ich mir damals. Als Albaner fühlte er sich wegen seiner Muttersprache und wegen der Erinnerung an ein nie gesehenes Land, die die Arbëreshë in Familienlegenden hüteten. Italiener war er, weil es doch selbstverständlich ist, sich als Angehöriger jenes Landes zu fühlen, in dem man geboren wurde. Aber Europäer? Er nahm meinen Arm, geleitete mich gemessenen Schrittes zu einem schmucken, weiß gekalkten Neubau am Rande des Dorfes und zeigte, leise auflachend, auf die Tafel, die über der Tür angebracht war: »Casa di cultura Albanesi« stand da, und kleiner darunter: Gefördert mit Mitteln der Europäischen Union. Gut gemacht, dachte ich mir.

Polen

Michael Krüger:
Ich möchte, »dass der Traum von einer großen, planetaren Gemeinschaft von Menschen, die sich gegenseitig im Kampf unserer Gattung gegen den Tod unterstützen wollen, in unserem Herzen nicht erlischt.« Wir möchten es eigentlich alle. Warum sollte es nicht gelingen?

Alida Bremer:
Tatsächlich kann ein derart harmloses und hoffnungsvolles Syntagma von der »besseren Welt« sehr leicht entweder an den Spruch von der »lichten Zukunft« erinnern, vor dem es den Bewohnern der einst sozialistischen Länder verständlicherweise graut, oder an den dystopischen Roman *Schöne neue Welt*, für den Aldous Huxley als Motto ein Zitat von Nikolai Berdjajew über die Gefahr der Utopien wählte: Eine weniger perfekte Welt ist eine freiere Welt, glaubte der russische Philosoph. Stefan Chwin hat seine eigene, vielschichtige Sichtweise.

Stefan Chwin
Eine bessere Welt und eine »lichte Zukunft«

Ich gehöre der zahlenmäßig immer kleiner werdenden Generation von Menschen an, die zu Beginn der 1950er Jahre mit eigenen Ohren die im Radio ausgestrahlte Stimme des Anführers der Weltrevolution, Josef Stalin, hörten. Im Kindergarten, den ich in jener Zeit besuchte, sah ich täglich ein an der Wand ausgebreitetes rotes Leinentuch mit aufgeklebten Buchstaben aus weißem Bristolkarton, die sich – wie man mir später sagte – zu der schönen Losung »Lichte Zukunft« zusammensetzten. Unter den Buchstaben war eine große Landkarte der Sowjetunion aufgehängt, auf der man sich beim Frühstück herrliche, mit tausend Lichtern funkelnde Städte der Zukunft und künstliche, von Menschen ausgehobene Kanäle, die das eisige Weiße Meer mit dem warmen Schwarzen Meer verbanden, ansehen konnte. Wenn ich heute also höre, wie jemand von einer »besseren Welt« spricht, wird meine Seele, die sich in der Kindheit an der »lichten Zukunft« verbrannt hat, sofort misstrauisch.

Denn im Oktober 1956, als die Ungarn ihren Unabhängigkeitskampf begannen, hatten dieselben Männer, die so schön von einer »lichten Zukunft« sprachen, mit einem Artilleriebeschuss Ungarns Hauptstadt Budapest massakriert. Damals sah ich zum ersten Mal in meinem Leben Zeitungsphotos von auf den Straßen liegenden Menschen, die im Namen einer »besseren Welt« getötet worden waren.

Deswegen ist mein Optimismus, was das künftige Schicksal der Menschheit angeht, eher gering.

Trotzdem möchte ich, dass der Traum von einer großen, planetaren Gemeinschaft von Menschen, die sich gegenseitig im Kampf unserer Gattung gegen den Tod unterstützen wollen, in unseren Herzen nicht erlischt. Es wäre schön, wenn verschiedene miteinander zerstrittene, lokale und partikuläre Erkenntnisse durch die eine Erkenntnis ersetzt werden könnten, dass wir alle zusammen eine planetare Familie sind – zerbrechlich und schwach angesichts der mächtigen Naturkräfte und der dunklen Mächte der Geschichte, die uns zu vernichten drohen. Es macht mir Sorgen, dass im heutigen Europa, aber auch in der restlichen Welt, dieser Traum auf die leichte Schulter genommen und lächerlich gemacht wird, weil viele Menschen der Meinung sind, dass eine solche Gemeinschaft niemals entstehen wird und dass man lieber zwischen den Völkern Mauern bauen und Stacheldrahtzäune aufstellen soll.

Ich möchte glauben, dass das Verlangen nach Freiheit und Toleranz in den Menschen nicht erlischt – so, wie es schon einige Male erloschen war, sobald in Europa dunkle Kräfte an die Macht kamen. Ich möchte, dass die Kluft zwischen denen verschwindet, die an die Menschen- und Bürgerrechte glauben, und denen, die der Meinung sind, dass liberale Demokratie eine Gesellschaftsordnung für Weichlinge ist, und den autoritären Führungsstil loben, ohne sich um Gedanken-, Meinungs-, Gewissens-, Glaubens- und Vereinigungsfreiheit oder das Recht auf einen friedlichen Austausch von Kabinetten zu scheren.

Ich zähle auch darauf, dass die Menschheit ein Rezept für das wirksame Sammeln der Solarenergie findet und, an diese unerschöpfliche Quelle »angeschlossen«, endlich aufhört, zerstörerische Kriege um die herkömmlichen Rohstoffe – Erdöl, Kohle und Uran – zu führen, wie etwa den, der gegenwärtig im Nahen Osten geführt wird.

Mit all diesen Träumen gehe ich allerdings vorsichtig um. Ich wäre froh, wenn wenigstens ein kleiner Teil von ihnen umgesetzt werden könnte. Denn es kommt mir immer öfter in den Sinn, dass die Welt unverbesserlich ist und sich niemals in ein Paradies auf Erden verwandeln lässt, obwohl es im 19. und 20. Jahrhundert viele Menschen gab, die gern an eine »lichte Zukunft« geglaubt haben.

Aus dem Polnischen von Marta Kijowska

Portugal

Alida Bremer:
Das Gedicht ›O Estudo do SiLêncio‹ (mit einem großen L) wurde veröffentlicht in *L de Lisboa*. Lissabon, so die Autorin, ist in diesem Buch eine matrixhafte Referenz: Das Buch spricht auch über Portugal – die mystischen, mythischen, symbolischen, historischen, literarischen und esoterischen Wurzeln – und natürlich auch von Europa. *L de Lisboa* ist gleichermaßen Dantes *Hölle* wie das wüste Land, *The Waste Land*, in dem wir leben.

Die Übersetzerin Marianne Gareis nimmt uns an die Hand und geht mit uns durch dieses dichterische Palimpsest, diese europäische Erinnerung, die der alten Dame Lissabon gewidmet ist.

Michael Krüger:
Vielleicht waren wir zu gutgläubig, als wir annahmen, dass wir uns verstehen, wenn wir nur die GROSSEN WORTE verstehen? Die Dichter sind dieser Illusion nie verfallen. Sie erwarten das Stadium der Stille, wenn der Sinn zerfällt.

Ana Marques Gastão
Das Studium der StilLe

Welchen Namen wählst du, um Stadt zu sagen? WORT, jenes, das die architektonischen Züge eines Weg-Gesichts zeichnet. Wir sprechen wachend, schlafend, träumen mit und ohne Worte. Wir sprechen mit uns selbst, wie Verrückte, die etwas sagen, um sichtbar zu machen, was nicht einmal wir selbst sehen – voraussehen. Stadt bedeutet künstlerische Arbeit.

Dass das Wort Geheimnis ist, unerwarteter Besuch, Wolf, Raubtier, es wird zerkaut vom Mund, verlassen wie eine Schutz-Grotte für Eremiten, die die Freude am Genuss erlaubt.

Dass mein Ohr den Flug der weiß werdenden Asche vernimmt, das Nest-Ohr ahnt ihn in einem seligen Augenblick, dem des Aufstands des Geistes in nur einem Buchstaben.

Dass die Flamme dem Wort nah ist, und das Blei, das stumpfe, hohl klingt auf der gesprungenen Haut, das Schaumstoffpapier weiß es, denn es erkennt es am unsichtbaren Strömen eines unbeweglichen Gottes.

Dass die Blätter des Kirschbaums in einem Zwiebel-Wort duften, zeigt nur, dass der Dichter ein Multiplikator des Naturminimums ist, aus Papier schafft er mit Blütenblättertinte einen Baum.

Dass der Schreiberling druckt, was nicht seines ist in den unendlichen Landschaften und Kreisläufen der Natur, liegt daran, dass er das Dunkel der Weinberge durchschritten hat. Er tut es ohne Hoffnung auf die Hoffnung eines Pfads, gebohrt in die Komödie aus rohen Seiten. Er spricht zu einem anderen über seine Welt, errichtet ein Ereignis, spielt aber wie ein Kind.

Dass der Dichter diese natürliche Stadt ist, diese Jenseits-Stadt, donnernd ins Erdgedärm genagelt, ein Ritual praktizierend, das die Sintflut einführt, die freie Hand versteht es – es ist eine paperworld, paperworld, paperworld ⸻

Dass der Dichter eine unermüdlich sich öffnende Tür ist, durchwirkt mit Vergessensstrukturen, sich weigernd, das Kleine Babel aufzugeben, das spürt er, bevor er vom Fluss verschlungen wird.

Dass die Stadt existiert im Bau von Staudämmen, was dich in unendlicher Wärme an mich bindet, ist ein Goldwunder, jenes der Abendstunden vor dem Morgenschlaf. Wasser klebt Bruchstücke zusammen.

Dass die Dichter-Stadt – wie das Wort Gott – ein »Ding« ist, sagt uns nur, dass der Buchstabenstrom diesem Strophe-Leben Existenz verleiht. Als Aktion wandert er durch die Göttlichkeit eines Schicksals. In der Ding-Angst sucht er ein Grenzland.

Dass das Wort Stadt ein karger Ort ist, wo man sich ausruht an den Toren eines kriegerischen Kastells, das denkt der Dichter oftmals vor der Landung der Götter der Mechanik, vor denen sich die tragischen Unikate eines tragischen, da säumigen Ichs verbeugen.

Dass die Worte in der Ausscheidung des Dunkels wirken, zeigt uns nur, dass der Dichter sich nimmt, was in der Erfindung des Realen bereits existiert. Ein Wort ist kein Entwurf einer Stadt, sondern ihr ohrenbetäubender Lärm in Form eines **+** (**Kreuz = plus**), eines Zeichens, das uns unweigerlich zum Stadium-Studium der Stille führt.

Aus dem Portugiesischen von Marianne Gareis

Dieser Romanauszug ist dem Buch *L de Lisboa* entnommen, erschienen 2015 bei Assírio & Alvim (Lissabon, Portugal).

Rumänien

Michael Krüger:
»Wie viel Irrsinn, Unruhe und Wahrheit/steckt im Wort Gleichheit?«
Und »kann man frei sein, da man sterblich ist,/in einer Welt aus
Staub und Wind,/einer Welt, die vergeht und verschwindet?«

Alida Bremer:
Zunächst antwortete uns Mircea Cărtărescu auf unsere Bitte um einen Beitrag: »Ich werde versuchen, einen Text für Ihre Anthologie zu
schreiben, noch in diesem Monat, obwohl ich mich frage, wie zum
Teufel ich irgendetwas Wahres oder Schönes über die Freiheit oder
über die Hoffnung in nur 3000 Zeichen schreiben kann ... Üblicherweise brauche ich Hunderte von Seiten für eine solche Aufgabe, und
nachdem ich sie vollgeschrieben habe, empfinde ich immer, dass ich
etwas Wesentliches ausgelassen habe.«
   Aber dann kamen diese *Gedanken zum 14. Juli*; verfasst am 14.
Juli 2016, und stellen uns essentielle Fragen nach Freiheit und nach
Hoffnung angesichts von Sterblichkeit und Vergänglichkeit.

Mircea Cărtărescu
Gedanken zum 14. Juli

Ist die Freiheit unser höchstes Gut?
Warum verpfänden wir sie dann so leicht? Warum können wir
                                          die Freiheit
nicht so ertragen, wie wir ein blendendes Licht ertragen? Und
                              warum singt Bob Dylan
»Du musst jemandem dienen, sei's der Teufel, sei es Gott, aber
                                    dienen musst du«?
Und warum hat Lennon ihm geantwortet »Erst einmal musst du
                              dir selber dienen,

denn das tut an deiner Stelle niemand«? Und warum klammern
   wir uns
wie verrückt an die Dinge dieser vergänglichen Welt,
wenn der Kern der Religion (wie der Freiheit) darin besteht,
sich an nichts festzuklammern?
Heißt Freiheit Einsicht in die Notwendigkeit?
Ist sie die schwarze Fahne der Anarchie?
Kann man frei sein, wenn man wie die Bastille aus Zellen besteht?
Wenn man einstürzt wie die Festung Baliverna
aufgrund eines schlichten Sarkoms? Kann man frei sein
als Sterblicher in einer Welt, die vergehen wird?

Ich lese Herodots Geschichten auf dem iPhone:
Auf seinem Thron sitzend schaut Darius, der Herrscher
mit tränenden Augen sich das Defilee seiner Truppen an:
5 500 000 in der Tracht des eigenen Geschlechts – und Darius
                                      weint,
denn in hundert Jahren werden all diese Männer – ebenso wie
                                    er selbst,
ihr Herr, der einzig Freie – tot sein.
Freie und Sklaven, Frauen und Männer,
Helden ebenso wie Feiglinge, Heilige und Sünder.
Und ich lasse Herodots Text über den Bildschirm des iPhones
                                    laufen,
gehe ans Fenster, betrachte die Wolken mit meinen lebendigen
                                    Augen
und frage mich, ob ich die Freiheit liebe,
ob ich frei bin,
ob ich bin.

Verträgt sich Freiheit mit Gleichheit?
Was sagen die Roten Khmer dazu? Und kann man gleich sein
mit den anderen, ohne austauschbar zu sein?
Sind die Nord-Koreaner untereinander gleich

wie Elektronen?
Wie kann man Genosse sein mit dem,
der einen foltert?
Und dann: Ist die Vermassung der Kultur
kein neues Prokrustesbett? Bin ich gleich
mit Lady Gaga? Ist Lady Gaga mit
Spinoza gleich? Wie viel Irrsinn, Unruhe und Wahrheit
steckt im Wort Gleichheit?

Auf dem iPod höre ich Bachs »Passionen«,
wobei ich den Eindruck habe (aber mir scheint nur so), dass sie
sieben Milliarden Sklaven der Zeit und des Todes freikaufen –
wie die Kreuzigung dessen, der gesagt hatte, »die Wahrheit
macht euch frei«. Dass Bach in die Hölle hinabsteigt,
um uns zu befreien, auf die einzige Weise,
in der man frei sein kann: Letztlich, ja, letztlich
sich selbst zu entkommen.

Ist Brüderlichkeit mehr als eine Utopie?
Ist Multikulturalismus mehr als ein Traum,
aus dem wir schlaftrunken erwacht sind? Können
Mohammed und Jesus auf der einen wie der anderen Seite
der ewigen Nacht ausharren? Ist es möglich,
irgendwann einmal frei, gleich und brüderlich zu sein,
wie es auf der französischen Fahne steht,
der Fahne unserer Zivilisation?
Ist unsere Zivilisation noch möglich?
Ist das Gute noch möglich?
Ist Realität noch möglich?
Ist Leben noch möglich?
Ist die Liebe, Paul und Lennons Allheilmittel,
mehr als Abhängigkeit?

Der Herbst kommt. Ich bin sechzig Jahre alt.
Ich lese im Schatten der alten Heckenrose auf meinem iPhone.
Dann schaue ich ins Leere. Mein ganzes Leben habe ich
nach einer Gewissheit gesucht,
habe angeklopft, und man hat mir nicht geöffnet,
ich habe gesucht und nichts gefunden,
habe verlangt und nichts bekommen.
Wie Simon Magus und Bowie
hatte ich keinerlei Anteil noch Erbteil an dieser Geschichte.
Ah, ich bin nicht Teil deiner Geschichte!
Mich dürstete nach Freiheit, und mein Rücken wurde
mit Peitschenhieben traktiert.
In hundert Milliarden Jahren werde ich
eins sein mit meinen Henkern, eins
mit meiner Liebe und meinem Hass.

Freiheit
Gleichheit
Brüderlichkeit

Sklaverei
Verbrechen
Folter

Hoffnung

Ich schaue mit meinen lebendigen Augen
durch das Fenster auf die Wolken: Gibt es mich?
Hat es mich je gegeben?
Kann man frei sein, da man sterblich ist,
in einer Welt aus Staub und Wind,
einer Welt, die vergeht und verschwindet?

Aus dem Rumänischen von Ernest Wichner

Russland / Russische Föderation

Alida Bremer:
Das Zauberwerk der Bücher! Ohne dass die Autoren voneinander
wussten, geschweige denn ahnten, was die anderen schreiben würden, spiegeln und wiederholen sich in unserer Anthologie einige
Motive — auch das Motiv des Schneiderns. Wir kennen aus Kasachstan die Studentin, die für ihren Lebensunterhalt in Moskau die
Schneiderkunst anwandte. Und aus Moskau stammt der russische
Autor, der mit seinen wunderbar schrägen Familienerinnerungen
eine Ode an die berühmteste aller Nähmaschinen — die »Jahrhundertsinger« — geschrieben hat.

Michael Krüger:
Wenn wir zu große Worte benutzen, ducken sich die Dinge darunter
weg und werden unsichtbar. Aber es sind die Dinge, die uns überleben. Die Singer-Nähmaschine zum Beispiel, dieses schnurrende
Wunderwerk, das Krieg und Belagerung überstanden hat. Wer uns
die Dinge nimmt, löscht unsere Erinnerung.

Viktor Jerofejew
Mittagsstunde mit Singer

»Mit *dem* hätte ich jetzt hier nicht gerechnet«, sagte ich beim
Eintreten in den alten Pferdestall und gab ihm einen liebevollen
Klaps aufs Schwungrad. Bescheiden stand er zwischen den Fens-
tern. Er reagierte nicht, streckte sich mir aber in seiner ganzen
Herrlichkeit entgegen.
    Wenn jemand ein Familienwesen ist, dann du! Ein Familien-
gott in Hunderttausenden von Gestalten. Ein Erlöser nicht
schlechter als Jesus Christus. Ein großer Zauberer. Für meine
Großmutter warst du ihr Leben lang ein Idol. Du hast genäht

und gestichelt, und sie war glücklich. Ich weiß nicht viel von deiner Anatomie. Man ließ mich gar nicht erst nah an dich heran, damit ich dir keinen Schaden zufügen konnte. Du warst ein geniales Geschöpf, nicht schlechter als eine Dampflok.

Als ich in die Pubertät kam, nahm mich Großmutter mit ins Frauendampfbad in der Datschasiedlung Tschkalowskoje. Dort wusste ich nicht, wohin mit mir. Die nackten Weiber schrien sie an, weil sie einen erregten Knaben in die Frauenabteilung mitgebracht hatte.

»Schaut euch das bloß an!«, schrien die Weiber. »Heiliger Strohsack! Bei dem Lümmel steht ja alles! Hör sofort auf damit!«, verlangten sie von mir.

»Ja was glauben Sie denn! Der ist nun mal so konstruiert!« Großmutter winkte ab, mit Händen und Titten. »Gehen wir, mein Junge!«

Nach dem Dampfbad zurück auf der Datscha, stritten Großmutter und ich weiter, und ich kriegte so eine Wut, dass ich sie *dumme Kuh* nannte. Da bist du, Singer, von deinem Sockel gesprungen und hast mir, in meinen Vater verwandelt, eine schallende Ohrfeige verpasst. Vieles aus jenen Zeiten habe ich vergessen, weder vorher noch nachher hat mir mein Vater je eine gepfeffert, aber genau darum brennt die Ohrfeige bis heute auf meiner Wange. Sie gab mir die Möglichkeit, mich letztlich von allen Verpflichtungen bezüglich Vater und Familie überhaupt zu befreien. Das war deine Ohrfeige, Singer.

Mit jener Ohrfeige begann der Niedergang unserer Familie. Du verstehst doch besser als ich, dass die Familie einer Kuh ähnelt. Nicht wahr? Die Kuh weidet auf einer Wiese. Die Kuh schlägt mit ihrem Schwanz um sich. Sommer. Um sie herum schwirren eklige Bremsen. Sie schmiegen sich mit ihrem ganzen Körper an die Kuh, aber das ist keine freundschaftliche Umarmung, sondern der Kuss eines Blutsaugers. Ein Blutsaugerfest! Die Fliegen schwirren, teilen geometrisch mit ihrer Flugbahn den Raum. Fliegen und Mücken versuchen der Kuh in die Augen zu kriechen. Als wollten sie die Welt mit Kuhaugen sehen und sterben. Der Tod einer Mücke – auch das ist ein Unglück. Das Gras ist hoch. Und köstlich. Von dort, aus den Kuhaugen, lassen sich Fliegen und Mücken nicht mit dem Schwanz verjagen. Die Augen der Kuh weinen. Der Euter zittert. Sengende Hitze. Falter tanzen vor der Nase der Kuh. Falter – ein Lieblingswort Puschkins. Die Falter wollen der Kuh in die Seele schauen. Aber hat die Kuh denn eine Seele? In der Nähe ein Fluss. Die Bremsen leisten aufs Neue verlogene Freundschaftsschwüre, aber dann stechen sie doch in den müffelnden Kuhhintern. Die Kuh kaut Gras. Sie ist glücklich. Sonne. Mittagsstunde. Die Kuh ähnelt einer Familie.

Jede Familie hat ihre Mittagsstunde.

Ein Schuss kracht – die Kuh fällt. Niemand wollte die Kuh töten, doch sie fiel um und krepierte.

Von der Terrasse des Privatparkplatzes öffnete sich der Blick auf Ligurien. Auf das Meer, geriffelt wie Großmutters Waschbrett, auf die Spielzeugkirche mit der weißen Uhr, auf den Glockenturm, der alle Viertelstunde die Zeit schlug. Und jedes Mal flog die Zeit erschrocken aus dem Glockenturm heraus, kreiste über dem Meer wie ein grauer *gabbiano*, ein Möwerich, und kehrte dann zu ihrem angestammten Platz zurück.

Ein Schlüssel wurde umgedreht. Zwischen der Glastür mit der weißen Gardine und dem bis zum Boden reichenden französischen Fenster mit der gleichen Spitzengardine stand ein alter Stuhl. Daneben, auf einem Arbeitstischchen, standst du, Herr Singer.

Der Jahrhundertsinger. Ich dachte, es ist kein Zufall, dass ich nie über Singer geschrieben habe, denn er ist eine solche Banalität – eine antiquarische Nostalgieausgabe eines Massenprodukts, bei dessen Anblick du hin und weg bist und neben dir einer sagt: »Bist du auch so hin und weg?«

Aber diesmal, am Berghang mit Ausblick auf die Lebkuchenstadt, staunte ich im Ernst über Singers gedrechselten Hals und sein Handrad, das ich damals immerzu drehen wollte, um auf diese Weise Singer in eine Yacht zu verwandeln oder auch in ein Maschinengewehr, denn Singer ratterte beim Nähen, Steppen und Sticheln wie ein Maschinengewehr. Aber Großmutter runzelte die Stirn und verbot es mir:

»Finger weg.«

Dieses *Finger weg* zerfiel in eine Menge weiterer Banalitäten. »Singer hat mir das Leben gerettet«, sagte Anastassija Nikandrowna. »Während der Blockade, als dein Großvater schon vor Schwäche nicht mehr laufen konnte, da hab' ich genäht und gesteppt und gestichelt ...«

Ja, ja, mein lieber Singer, später habe auch ich angefangen zu schreiben und zu sticheln ... als das ganze Land noch fleißig Denunzierungen schrieb, und ich schreibe und stichle weiter. Und das Land schreibt schon wieder fleißig Denunzierungen. Immer mehr und mehr.

Es war Singer, der mir meine erste Jeans schenkte, als Moskau sich im Jeanswahn befand, und die Jeans waren beinahe wie echt, aus festem blauem Stoff, mit starkem rotem Faden abgesteppt, der auf den eleganten Spuler aufgesetzt wurde.

Wenn sich Großmutter an den Singer setzte, nahm sie einen konzentrierten und kundigen Gesichtsausdruck an. Wie eine Frau vor der Vereinigung. Die Spule wurde auf den Spuler gesteckt. Sie gab sich ihm ganz hin. Er bewegte sich über ihr nicht kreisend wie vorsintflutliche Liebhaber es tun, sondern auf und ab. Iwan Petrowitsch hätte dich, Singer, vor Eifersucht aus dem Fenster werfen müssen, aber Großvater war offenbar nicht der Mutigste.

Nun denn, mein Singer-Vogel, jede Familie – und jede Familie ähnelt einer Kuh – hat ihre Mittagsstunde. Bei der einen Familie ist es ein kurzer nordischer Augenblick, regnerisch, windig, ein Murmansker Seufzer, aber trotz allem die Mittagsstunde. In anderen Familien ist es etwas Mediterranes, Apfelsinen-Olivenmäßiges. Die Familien-Mittagsstunde – das ist, wenn es in einem bestimmten Moment den Anschein hat, dass alles so sein wird, wie es ist, für immer. Eine Minute der Unsterblichkeit, eine Ohnmacht, nach der die Uhr wieder zu ticken und das Fleisch zu faulen beginnt.

»Singer hat mir das Leben gerettet«, sagte Anastassija Nikandrowna. »Während der Blockade, als dein Großvater schon vor Schwäche nicht mehr laufen konnte, da hab' ich genäht und gesteppt und gestichelt ...«

Sie zuckte jedes Mal zusammen, wenn ein Fenster zuschlug: Das war ihr Blockadegedächtnis. Mit Jahr für Jahr wachsendem Genuss erzählte sie von der Leningrader Blockade die schrecklichsten Geschichten. Wie der Kopf ihrer Nachbarin durch ihr Fenster hereinflog, der Kopf einer jungen Frau, einer heimlichen Kundin, die du, Singer, ebenfalls benäht hast. Nachdem Großmutter die Blockade überlebt hatte, fühlte sie sich als Auserwählte, und die Blockade wurde letzten Endes zur Mittagsstunde ihres Lebens. Arm in Arm mit Singer – dem Unbesiegbaren.

Aus dem Russischen von Beate Rausch

San Marino

Michael Krüger:
Aus der Geschichte lernen: Die ungefähr zehntausend Bürger von San Marino nahmen gegen Ende des Zweiten Weltkriegs etwa hunderttausend Flüchtlinge auf, die nur dank einer rigorosen Organisation und eigenen Lebensmittelopfern über ein Jahr lang untergebracht und ernährt werden konnten. Auch das wurde geschafft.

Alida Bremer:
Von allen 57 Staaten der OSZE hat nur die Vatikanstadt weniger Einwohner als San Marino. Die Geschichte dieses winzigen Staates liest sich jedoch wie ein wohlwollendes Märchen. Eine der wichtigsten Lehren von San Marino, dieser »ältesten Republik der Welt«, die stets ihre Freiheit zu schützen und ihre Unabhängigkeit zu behaupten wusste, scheint mir diese zu sein: »Danach beschloss San Marino allerdings, sich auf seine Staatsgrenzen zu beschränken. Als Napoleon der kleinen Republik einen Zugang zum Meer anbot, lehnte man das Angebot ab.« Verzichten um zu gewinnen!

Paolo Rondelli
Freiheit, mehr als bloß ein Wort

Die Freiheit spielte für San Marino, heute ein souveräner Staat, zweifellos eine besondere Rolle: Sie wurde dort schon immer als schützenswert betrachtet. Das zeigte sich erstmals, als der Bischof von Montefeltro 1296 Anspruch auf das Gebiet von San Marino erhob. Damals forderte der Abt des Klosters Valle Sant'Anastasio den Heiligen Stuhl auf, umgehend festzustellen, ob die kleine Gemeinde Abgaben an den Bürgermeister von Montefeltro, einen bischöflichen Beamten, zu zahlen habe oder nicht.

Nach Anhörung mehrerer Zeugen kam man zu dem Schluss, dass für die Bevölkerung von San Marino ein Gewohnheitsrecht gelte, das möglicherweise bis ins vierte Jahrhundert zurückreiche – als Donna Felicissima dem Heiligen Stuhl den Monte Titano schenkte, auf dem ihr Sohn kurz zuvor genesen war. San Marino sei darum von allen Abgaben an Papst oder Kaiser zu befreien.

Im Lauf der Jahrhunderte entwickelte sich der Freiheitsbegriff weiter: Man verteidigte nicht nur die eigene Freiheit gegen Invasoren, sondern nahm zudem Menschen auf, die vor Krieg und Tyrannei flohen.

In den Jahren zwischen 1320 und 1343 entstand eine Verfassung, in der die Regeln für das Gemeinschaftsleben in San Marino festlegt wurden. Sie besagte, dass alle männlichen Bewohner zwischen vierzehn und sechzig Jahren die Stadtmauern zu verteidigen hätten. Mehrere Angriffe konnten allerdings bereits im Vorfeld durch politische Klugheit und geschickte Diplomatie abgewendet werden. So lief San Marino 1543 und 1549 Gefahr, von Fabiano di Monte San Savino beziehungsweise Leonardo Pio unterjocht zu werden, doch da man gute Beziehungen zum Herzogtum Urbino pflegte, setzte sich dieses erfolgreich für die Freiheit San Marinos ein. Und dank der hervorragenden Beziehungen zu den Familien Montefeltro und später Della Rovere konnte die Republik San Marino 1463 ein letztes Mal ihr Staatsgebiet erweitern – um Castelli di Serravalle, Fiorentino, Montegiardino und Faetano. Danach beschloss San Marino allerdings, sich auf seine engen Staatsgrenzen zu beschränken. Als Napoleon der kleinen Republik einen Zugang zum Meer anbot, lehnte man das Angebot ab. Nicht einmal der Wiener Kongress von 1815, der das neue Europa festzurrte, rührte daher an San Marinos Grenzen.

Auch 1739 war die Freiheit San Marinos bedroht: Kardinal Giulio Alberoni besetzte die Republik, um sie dem Kirchenstaat einzuverleiben, von dem sie damals vollständig umgeben war.

Als Vorwand für den Einmarsch diente den päpstlichen Truppen die Affäre um Pietro Lolli. Doch Papst Clemens XII. vertraute glücklicherweise seinem Abgesandten Enrico Enriquez, der ihm mitteilte, dass die Bevölkerung von San Marino ihre gewohnheitsmäßige Freiheit zurückwünsche. Und so erhielt San Marino am 5. Februar, dem heutigen »Tag der Republik«, seine Freiheit wieder.

Die Grenzen San Marinos blieben selbst dann unangetastet, als Giuseppe Garibaldi mit seinem »Zug der Tausend« in Sizilien landete, die italienische Halbinsel eroberte und 1860 schließlich die Einheit Italiens unter König Viktor Emanuel II. ausrief. San Marino verdankte seine Freiheit dem Wohlwollen Garibaldis: 1849 hatte er nach der Niederlage der römischen Republik aus Rom fliehen müssen und in San Marino vor den Truppen der päpstlichen Alliierten Zuflucht gefunden. Obwohl die Verhandlungen über seine Auslieferung für die Republik San Marino nicht ungefährlich waren, hatte man Garibaldi Schutz gewährt, und als Garibaldi elf Jahre später Italien vereinigte, ließ er San Marino die Freiheit.

Und noch eine wichtige historische Episode sollte nicht unerwähnt bleiben. Während des Zweiten Weltkriegs verlief die Front zwischen den verbliebenen faschistischen und nationalsozialistischen Truppen im Norden und den aus dem Süden vorrückenden Alliierten in unmittelbarer Nähe von San Marino, der einzigen neutralen Enklave inmitten von Tod und Zerstörung. Die ungefähr zehntausend Bewohner von San Marino nahmen damals hunderttausend Flüchtlinge auf, die nur dank einer rigorosen Organisation und eigenen Lebensmittelopfern über ein Jahr lang untergebracht und ernährt werden konnten. Die Bürger von San Marino gaben von dem wenigen, was sie hatten, damit andere frei sein konnten. Sie wussten: Die Freiheit ist unbezahlbar.

Aus dem Italienischen von Christine Ammann

Schweden

Alida Bremer:
Ob Goethe Agneta Pleijel erhört? Sie berichtet dem Dichterfürsten von unserer Epoche und von dem unglaublichen Skandal der Grenzschließungen, die die fast 66 Millionen Menschen, die sich auf der Flucht befinden, fern von den wohlhabenden Ländern halten sollen – obwohl natürlich nicht alle Flüchtenden ein Leben in diesen Ländern anstreben. Millionen auf der Flucht, ob Goethe das überhaupt begreifen könnte? Ob er immer noch an die »glücklichen Wirkungen« glauben könnte?

Michael Krüger:
Wir brauchen »ein anderes Menschenbild« und »eine andere Menschenbildung«! Ist das so schwer zu verstehen?

Agneta Pleijel

> *»Sein Jahrhundert kann man nicht verändern, aber man kann sich dagegen stellen und glückliche Wirkungen vorbereiten.«*
> Johann Wolfgang von Goethe

Ein paar Worte an Herrn Goethe

Mein liebster und sehr ehrenwerter Herr Goethe – wie schön Sie es sagen!

Unsere heutige Welt zu verändern, erscheint uns oft unmöglich, doch Sie verweisen in Ihrem Brief an Herrn Schiller auf Phantasie und Poesie! Ich tue mich sehr schwer damit, Ihnen unsere gegenwärtige Lage zu beschreiben. Was würden Sie sagen, wenn ich Ihnen eröffnete, dass in unserer gemeinsamen Welt 65,3 Millionen Menschen auf der Flucht sind? Und dass die

meisten europäischen Länder Vorkehrungen treffen, um mög-
lichst wenige einreisen zu lassen? Diese Tatsache prägt unser
Jahrhundert. Kein anderes Jahrhundert lässt sich mit ihm vergleichen.

Ich muss sagen, dass ich sehr stolz bin auf Ihr Geburtsland
und auf dessen derzeitige politische Führerin. Sollten Sie mit ihr,
mit Frau Merkel, in Fühlung stehen – wer weiß? –, dann sagen
Sie ihr bitte, dass ich und andere sie für die einzige wahrhaft
europäische Führerpersönlichkeit halten, erst recht, wenn es um
Phantasie, Moral und Ethik geht. Natürlich sieht sie sich derzeit
mit wachsenden Widerständen in den Reihen Ihrer Landsleute
konfrontiert: Menschen aller Länder haben Angst vor Auslän-
dern und vor dem Verlust ihrer nationalen Identität.

Wir haben diese neue Union, genannt die Europäische, von
der Sie vielleicht gehört haben. Unglücklicherweise tut sich diese
Union schwer damit, das Beste aus der Situation zu machen –
was darin bestünde, die Regierungen der Mitgliedsstaaten anzu-
halten oder sogar zu zwingen, ein Kontingent Fremder bei sich
aufzunehmen. Nicht alle von den vielen Millionen Flüchtlingen
sind auf dem Weg in Länder der Union, einige aber schon; sie
sind auf der Suche nach Recht, Gerechtigkeit und Demokratie,
Errungenschaften, von denen sie glauben, sie seien in Europa zu
Hause.

Um die Wahrheit zu sagen, haben sich in den meisten dieser
Länder, mein eigenes eingeschlossen, so etwas wie Schattenge-
sellschaften entwickelt, bestehend aus denen, die es über die
Grenze ins Land geschafft haben, aber nicht aufgenommen worden sind und jetzt Polizei und gewaltsame Abschiebung fürch-
ten. Leider sehen viele junge Leute und Kinder diesem Schicksal
entgegen, ebenso wie viele andere Menschen auf der Erde ihre
Heimat verloren haben und anderen namenlosen Schrecknissen
ausgesetzt sind. Ich bin sicher, Sie, Herr Goethe, finden das
schändlich.

Es ist eine immense Vergeudung von Intelligenz, Phantasie,

menschlichen Talenten und Zukunft. Um etwas Förderliches zu bewirken, brauchen wir ein anderes Menschenbild, einschließlich einer anderen Menschenbildung. Das Herzstück jeder Erziehung und Ausbildung muss – wie Ihr Freund Schiller es in seiner Briefsammlung *Über die ästhetische Erziehung des Menschen* aufgezeigt hat – die Unterweisung in *Wahrheit* und *Schönheit* sein. Das ist der Weg zu politischer Freiheit. Unsere im Moment zumeist politisch ungebildeten politischen Führer sind weit davon entfernt, ihre politische Aufgabe recht zu verstehen. Sie besteht ganz bestimmt nicht darin, die Bevölkerung durch den Appell an irrationale Leidenschaften und Ängste aufzuwiegeln.

Besser wäre es, den Menschen bei der Entwicklung eines philosophischen Bewusstseins zu helfen – eines »ästhetischen Bewusstseins«, um mit Herrn Schiller zu sprechen. Die dringlichste Aufgabe besteht für politische Organisationen darin, ein solches Bewusstsein bei anderen heranzuziehen, für Eltern darin, ihren Kindern ein solches zu vermitteln. Und wir alle sollten in unserem Umgang mit anderen dasselbe tun. Das war Ihr und Herrn Schillers gemeinsames Projekt. Segnen Sie uns, Ihre Jünger, wenn wir versprechen, mit allen unseren Kräften nach Wahrheit, Schönheit, Gerechtigkeit und Frieden zu streben.

Aus dem Englischen von Karl Heinz Siber

Schweiz

Michael Krüger:
Der mörderische Pragmatismus, angelegt im Fortschrittsgedanken der Aufklärung – was kann daraus Gutes erwachsen?

Alida Bremer:
Der Zufall des Alphabets hat erneut an den inneren Korrespondenzen dieser Anthologie gewirkt: Nach der schwedischen Autorin denkt auch Lukas Bärfuss über Goethe und Schiller nach. Er steigt die Treppe, die den Tätigkeitsworten innewohnt, bis an ihr Ende hinab und erklärt, was es mit dem Verhältnis zwischen Politischem und Ästhetischem und zwischen Wahrheit und Schönheit auf sich hat.

Lukas Bärfuss
Tätigkeitsworte

Er sei, so schreibt Goethe im Juli 1798 an Schiller, in einer kleinen Differenz mit Heinrich Meyer, einem Schweizer Kunstmaler, der behaupte, selbst das *genialisch naive* könne in einem gewissen Sinne von der Schule überliefert werden. Goethe mag nicht vollständig widersprechen, aber er will doch eine Einschränkung festhalten, dass man eben *sein Jahrhundert nicht verändern, sich aber dagegen stellen und glückliche Wirkungen vorbereiten* könne. Goethe formuliert diesen Gedanken in einem ästhetischen, nicht politischen Zusammenhang, aber die Frage, auf welche Weise *vorbereitet* und *dagegen gestellt* werden müsse, beantwortet er ebenso wenig wie er erörtert, ob die eigenen Absichten diese gewünschten, glücklichen Wirkungen bereits enthalten, oder ob aus ihnen nicht genauso gut das Gegenteil erwachsen kann.

Willkür, Unberechenbarkeit und Kontingenz begleiten das

menschliche Verhalten. In jedem Versuch, das Chaos, das Gestaltlose, von dem Goethe am Ende seines Briefes spricht, zu ordnen, wirken ebenfalls antagonistische Kräfte, die nicht antizipiert werden können. Ganz mag Goethe der Selbstermächtigung des menschlichen Geistes, wie sie aus Meyers These spricht, noch nicht abschwören. Diese urbürgerliche Idee war im Sommer 1798 noch nicht vollständig desavouiert, trotz der Feiern auf den Blutgerüsten des Doktor Guillotin und der Verheerungen der revolutionären Armee. Und doch merkt man diesem, längst zur harmlosen Sentenz in Zitatenschatzkästchen degradierten Gedanken den Zweifel schon an. Es sind die Tätigkeitsworte, die Verben, die Goethes Beschwörung die Kraft nehmen. Die glücklichen Wirkungen könne man *vorbereiten*. Er wird geahnt haben, wie notwendig und gleichzeitig wie unzureichend die Vorbereitung für das gewünschte Resultat ist. Sie bleibt eine Aufgabe der Subalternen, der Hilfskräfte, des Famulus, der dem Chirurgen das Besteck, dem Koch die Ingredienzen bereitet. Aber wen wird er wohl, der Poet im besten Mannesalter, sich vorgestellt haben als Vollender seiner Darreichungen, wer wird die Instrumente greifen und den Schnitt setzen in die Bauchdecke mit den hoffentlich entkeimten und geschliffenen Instrumenten?

Der Staatsstreich des achtzehnten Brumaire ist noch über ein Jahr entfernt, noch wütet Napoleon in Ägypten, aber nicht mehr lange, da wird das Tun jeder Absicht den Rang ablaufen. Am Ende wird der Geist mit seinen Idealen vor der Tat kapitulieren, am Ende wird Goethes Zweifel ganz in Resignation münden. Fast dreißig Jahre später, im Sommer 1825, schreibt er an den Musiker Carl Friedrich Zelter, nun dämmere das Jahrhundert der »fähigen Köpfe, für leichtfassende Menschen, die, mit einer gewissen Gewandtheit ausgestattet, ihre Superiorität über die Menge fühlen, wenn sie gleich selbst nicht zum Höchsten begabt sind«. Diesen Fähigen, diesem kommenden Jahrhundert, wird sich niemand mehr *dagegen stellen*. Was sich noch in Opposition befindet, wird einverleibt, der Mensch bis auf den letzten Rest ver-

sachlicht, der mörderische Pragmatismus, angelegt im Fortschrittsgedanken der Aufklärung, ausgesprochen im Wahn eines
Schweizer Malers, selbst das *naiv genialische* unterrichten können
zu wollen, wird die Herrschaft erringen, die totale Affirmation
wird das Mittel zur totalen Vernichtung, und ob glücklich oder
nicht, das wird die Wirkungen von nun an und bis auf weiteres
nicht mehr kümmern.

Serbien

Alida Bremer:
Wie kein anderer Autor aus Serbien setzt sich Saša Ilić für die Versöhnung mit den Albanern im Kosovo ein, indem er intensiv an grenzübergreifenden Literaturprojekten mitwirkt und immer wieder über serbisch-kosovarische Beziehungen schreibt. Die Erzählung »Road Blues« führt als *road movie* zu einer Lesung nach Priština und mutet wie ein Abenteuer an: Wie überlebt man die Reise in die – gar nicht so weit entfernte – kosovo-albanische Hauptstadt, die sich aber für die eigene Mutter mindestens wie die Höhle des Teufels anhört? Oder gar nach Mitrovica, jene durch den Fluss Ibar geteilte Stadt?

Michael Krüger:
In Priština, auf dem Balkan, in Europa: »Mein Telefon in der Hosentasche war tot.« Erst an solchen Orten spürt man das volle Ausmaß seiner Einsamkeit.

Saša Ilić
Road Blues

Meine Mutter fürchtet sich vor dem Süden. In ihren Projektionen sieht es so aus, dass ein Mensch, der von Belgrad aus gen Süden aufbricht, zum Rande der Welt vordringen würde, wie auf einer präkolumbianischen Landkarte. Dort, am äußersten Rand ihrer Vision, irgendwo weiter südlich von Merdare, stürzt alles in sich zusammen und verschwindet, und es bleibt nur noch der Sternenhimmel mit dem Sichelmond. Von ebendiesem Rand rief ich sie eines Morgens im Mai an, als ich, unterwegs mit dem Kleinbus des illegalen Transportunternehmers Đuro Đavo, beschloss, zum ersten Mal nach Priština zu fahren.

»Hey, Mama«, sagte ich, nachdem ich ihre Nummer gewählt hatte.»Wo bist du?«, hörte ich ihre besorgte Stimme am anderen Ende der Leitung. Sie hatte schon eine Vorahnung, dass ich ihr etwas mitteilen würde, was sie nicht hören wollte.»Ich fahre nach Priština, weißt du …« –»Du bist wohl nicht ganz bei Trost«, unterbrach sie mich,»ich hab jetzt fast einen Herzinfarkt bekommen.« –»Warte mal, du musst wissen, dort wird mein Handy nicht funktionieren …« –»Was denn für ein Handy!«, sagte sie mit beunruhigter Stimme:»Komm auf der Stelle zurück!« –»Moment mal«, versuchte ich sie zu beruhigen,»ich fahre beruflich hin, für ein paar Tage, ich werde mich schon irgendwie melden …« –»Willst du mich umbringen?«, hörte ich sie protestieren. An ihrem Tonfall erkannte ich, dass jede weitere Diskussion überflüssig war.»Ich habe keinen Empfang mehr«, sagte ich,»wir hören uns …« –»Hast du gehört, dass die Übergänge angezündet wurden …?«, war das Letzte, was ich noch hören konnte. Ich schaltete das Telefon aus und steckte es in meine Hosentasche. Ich schaute die drei Reisenden vor mir an. Sie sammelten schon ihre Personalausweise ein, die wir brauchten, um über die Grenze zu kommen.»Und Sie, Sie fahren wirklich ganz bis nach Priština?«, hörte ich den Fahrer zu mir sagen.»Ja«, sagte ich,»zum Grand Hotel.« –»Tja, mein Lieber, wir fahren nicht nach Priština rein … ich lass dich beim Kreisverkehr raus. Geht das?« –»Was heißt das, Sie fahren nicht rein?« Ich war verwirrt:»Und wie komme ich dann wieder zurück?« –»Warte auf uns an der gleichen Stelle, nur gegenüber … Wann fährst du denn zurück?«»Übermorgen«, antwortete ich kurz angebunden und versuchte gar nicht, meine Enttäuschung zu verhehlen.»Dann sehen wir uns dort, übermorgen, um halb zwei.« –»Um halb zwei«, bestätigte ich. Ein älterer Mann im braunen Sakko aus den siebziger Jahren drehte sich zu mir um und zwinkerte mir zu, als würden wir uns kennen, und sagte schadenfroh:»Nur dass du's weißt … das Grand Hotel ist geschlossen.«

Zwei Tage später, nach einer gelungenen Buchpräsentation im Café *Dit' e Nat'* stand ich an der gleichen Stelle, allerdings auf der gegenüberliegenden Seite. Es war halb zwei, ein heißer Tag, viel Verkehr. Mein Telefon in der Hosentasche war tot. Erst an solchen Orten spürt man das volle Ausmaß seiner Einsamkeit. Die Töne des Albums *Idle moments*, das ich in den letzten Tagen gehört hatte, klangen grausam tief. Die Zeit verging. Irgendwann bemerkte ich eine Frau in mittleren Jahren, unweit von der Stelle, wo ich stand. Sie hatte lockiges, helles Haar. Da ich annahm, dass sie auf den gleichen Kleinbus wartete, ging ich auf sie zu und fragte sie danach. Sie maß mich mit ihren dunklen Augen und schüttelte den Kopf. »Oh neeein, neeein«, zog sie die Silben in die Länge, »hier fährt nichts nach Belgrad … Ich warte auf einen Bus nach Mitrovica …« Ich erklärte ihr, dass ich mit einer »wilden Linie« unterwegs war. »Hey, das hier ist keine wilde Linie, sondern der Wilde Westen, weißt du … komm mit nach Mitrovica, von dort aus kannst du in den Norden weiterfahren … ich kenne einen Typen, Milivoj, der bringt dich nach Kruševac.« Sie hieß Gresa, was auf Albanisch »Gnade« bedeutet. Ich bot ihr eine Zigarette an. Ihre überraschende Fürsorge rührte mich. Sie erzählte mir von ihrem Leben im südlichen Mitrovica. Sie arbeitete in der Post, und jetzt war sie zu spät dran. Sie versuchte, mich zu überreden, gemeinsam mit dem Bus in die geteilte Stadt zu fahren. Ich sah uns schon die Brücke über dem Ibar überqueren, während uns alle Leute durch Fernrohre beobachten würden, vom südlichen wie auch vom nördlichen Ufer, und sie alle würden mit den Zähnen knirschen. »Und?«, fragte Gresa mit dem Blick, während sie die Zigarette mit dem Fuß abtötete. »Gehen wir?« – »Ach, ich bleib doch …«, sagte ich missmutig. Noch lange, nachdem sie gegangen war, spürte ich dem Druck ihrer Hand nach. Bald kam auch mein Kleinbus, dessen Fahrer mich so stark zur Eile drängte, als wäre ich gerade dabei, Saigon zu verlassen und nicht etwa Priština.

Aus dem Serbischen von Mascha Dabić

Slowakei

Michael Krüger:
Vor der Mauer: »Schon bist du auf meinen Schultern gestanden und hast auf die andere Seite geschaut. Ich fragte, was du siehst, und du hast gesagt, dass es dort wunderschön ist.«

Alida Bremer:
Peter Krištúfeks Parabel krempelt sich unter der Hand auf links, wie ein Pullover, den man sich über den Kopf zieht: Wir wissen, dass wir häufig glauben, die bessere Welt befinde sich jenseits der Mauer, die uns den Weg versperrt und von der Freiheit abgeschnitten hat. Doch was, wenn wir die Mauer überspringen und sie zu einem Labyrinth wird, dessen Innen- und Außenseiten sich verkehren wie in einer Möbiusschleife?

Peter Krištúfek
Auf der anderen Seite

Und dann kamen wir zu einer hohen Mauer. Wir waren Hand in Hand gegangen und hatten über Gott und die Welt geredet, wie das bei solchen Spaziergängen eben so ist. Doch die Ziegelmauer, die vor uns aufragte, ließ uns stehen bleiben. Aus war's mit der Unterhaltung. Jenseits der Mauer hörte man Leute lachen, ein entspanntes Stimmengewirr. Und als wir die Ohren spitzten, war sogar das Klingen von Gläsern, vielleicht auch Musik zu vernehmen. Die Vögel sangen, ein Hund bellte fröhlich – wie es schien, so ganz anders als hier vor der Mauer, wo wir standen.

Der Mensch ist ein neugieriges Wesen. Wir mussten um jeden Preis dorthin. Du hast vorgeschlagen, an der Mauer entlangzugehen, nach rechts oder nach links, das ist egal, bestimmt finden wir einen Eingang, ein Tor.

Keine Ahnung, wie lange wir unterwegs waren, über Rasen und abgebröckelten Putz, durch Gebüsch und Laub, sogar an einer Hausruine vorbei. Die Mauer schlängelte sich unablässig weiter, sie schien kein Ende zu haben. Dort ist bestimmt ein Park, überlegte ich, ein wunderschöner Garten mit Blumen und Plastiken, die Leute sind gern an diesem Ort, hast du gesagt. Vielleicht eine Burg oder ein Schloss. Eine andere Welt. Du musstest lachen.

Schließlich erreichten wir die Stelle, wo wir losgegangen waren. Ich erkannte sie an dem zerknüllten goldenen Bonbonpapier, das du ins Gras geworfen hattest.

Unser Verlangen, auf die andere Seite zu kommen, wurde stärker. Du hast gesagt, dass wir einfach über die blöde Mauer rüberklettern sollten. Ich schüttelte den Kopf, das dürfen wir nicht, das ist garantiert verboten, alles wird bewacht sein, keiner soll dorthin, wir hatten es ja nicht einmal geschafft, einen Eingang zu finden. Nein, nein, sicher nicht! Aber du hast mir das Wort abgeschnitten, ich soll meine Hände schön fest ineinander verhaken und dir helfen hinaufzugelangen. Und schon hast du auf meinen Schultern gestanden und auf die andere Seite geschaut. Ich fragte, was du siehst, und du hast gesagt, dass es dort wunderschön ist. Mehr nicht. Du hast dich hinaufgeschwungen und bist hinter der Mauer verschwunden. Mit Mühe kletterte ich dir hinterher, suchte Halt in den Ritzen zwischen den Ziegeln und an einem Ast des Ahornbaums, der dort stand. Meine Hände waren blutig, als ich endlich rittlings auf der Mauer saß. Keuchend und verschwitzt. Ich sah mich um. Es wuchsen Bäume dort, dazwischen Gras, alles war von satter Farbe, über dem Wald ragte eine Burg auf. Sehr weit weg. Ein Vogel flog vorüber und sang herrlich, auf meinem Ärmel landete ein feuchter Gruß von ihm, ich wischte den Fleck mit einem Taschentuch weg.

Entfernt hörte ich Musik. Du warst bereits im Unterholz verschwunden. Ich sprang hinab, knickte um und lief dir humpelnd hinterher.

Wir traten auf eine Wiese hinaus. Riechst du den Duft der Blumen?, hast du gesagt. Ich fand nichts Besonderes an ihnen, nickte aber. In der Ferne sahen wir Menschen, doch ehe wir sie erreichten, waren sie im Schatten verschwunden. In einem kleinen Hain stand auf einem Sockel eine halb verwitterte Statue. Auf einem Teich schwammen Seerosen. Der Mond, den man schon jetzt bei Tag sehen konnte, hatte sich in der Krone eines Baumes verfangen. Wir gingen weiter.

Nach zwei Stunden waren wir erschöpft, schleppend setzten wir einen Fuß vor den anderen. Dort! Du hast auf etwas Vertrautes gezeigt. Zwischen den Eichen hindurch leuchteten Ziegelsteine, diese Richtung schlugen wir ein. Wir ließen uns zu Boden sinken und atmeten durch. Du hast verkündet, hungrig zu sein. Und ich zuckte mit den Schultern. Meine Taschen waren leer. Mit den Händen fuhren wir über den bröckelnden Putz. Es wurde dunkel. Hinter der Mauer hörte man die Vögel singen. Amseln und Dohlen riefen ihre Artgenossen in die Nester. Eine Nachtigall meldete sich zu Wort, dieser akustische Leuchtturm im Dunkeln. Auf der anderen Seite erklärte jemand einem anderen etwas unter Gelächter, die Stimmen wurden allmählich leiser und flogen davon, bis sie ganz mit dem Rauschen der Bäume verschmolzen. Wind kam auf, es wurde kühl. Riechst du das?, hast du gefragt. Da hat jemand Fisch gegrillt, dort drüben, auf der anderen Seite. Wir standen auf.

Unentschlossen gingen wir ein paar Schritte nach links. Dann doch lieber ein paar nach rechts. Wir blieben stehen. Die Mauer erstreckte sich endlos in die Ferne. Wir wollten weg von hier. Dort drüben wird es besser sein. Wärme und Essen. Vielleicht hat auch die ganz normale Luft dort einen angenehmeren Duft.

Und in dem einen klaren Moment wussten wir auf einmal nicht, ob wir drin sind oder draußen.

Aus dem Slowakischen von Mirko Kraetsch

Slowenien

Alida Bremer:
Goran Vojnović lässt in dieser Aufzählung ein rätselhaftes *Ich* zum Sammler aller sozialen Niederlagen werden. All diese jungen, arbeitslosen Menschen, die ohne Perspektiven ihre Tage dahin fließen lassen, die sich nicht einmal eine Liebesbeziehung leisten können, und die »neunundneunzig Prozent der Verlierer« ausmachen, wissen nicht, dass sie schon in einer besseren Welt leben, ruft ihnen dieses *Ich* zu. Wer mag es sein, dieses *Ich*? Von wo aus spricht es?

Michael Krüger:
(Liest vor):»Ich möchte mich gern mit dem anfreunden, was in der Zeitung steht, auf die Straße gehen und ein Teil der Menge der Enttäuschten werden, die lautstark ihre Zukunft zurückfordert.« (...) »Ich nehme alles. Denn ihr lebt, obgleich ihr es nicht wisst, in einer besseren Welt.«

Goran Vojnović
Ich möchte gern

Ich möchte gern euer Leben leben.

Ich möchte gern in einer Kellerwohnung am Rande eurer Stadt wohnen, mit feuchten Flecken an den Wänden und einem Mitbewohner, der den Müll nicht trennt und den Kaffeesatz nicht wegspült.

Ich möchte gern im Supermarkt Sachen aus dem Regal nehmen, ihren Preis kontrollieren und sie beleidigt zurückstellen, aber manchmal, wenn ich wirklich schlecht drauf bin, aus Rache das Dinkelmehl an den Platz für den Rohrzucker stellen.

Ich möchte gern mit gefälschtem Studentenausweis Studentenjobs machen, Leuten mit eigenen Möbeln beim Umziehen helfen oder ihnen mit finsterer Miene Reklamezettel in die Hand drücken.

Ich möchte gern Stellengesuche schreiben und hoffen, dass man mir etwas Befristetes anbietet, ohne Gesundheits- und Sozialversicherung, ohne geregelte Arbeitszeit und ohne Urlaubsanspruch.

Ich möchte gern von älteren Menschen hören, dass früher alles besser war, weil die Jungen sichere Arbeitsplätze und Wohnungen hatten und weil soziale Sicherheit herrschte.

Ich möchte gern in der Zeitung lesen, dass wir jetzt eine Krise haben und dass wir Jungen geduldig warten müssen, bis das Wirtschaftswachstum steigt und die öffentliche Verschuldung sinkt.

Ich möchte mich gern mit dem anfreunden, was in der Zeitung steht, auf die Straße gehen und ein Teil der Menge der Enttäuschten werden, die lautstark ihre Zukunft zurückfordert.

Ich möchte gern am nächsten Morgen in einer von unseren Stimmen unbeeinträchtigten Welt von Gestern aufwachen.

Ich möchte mir gern einen Fingerhut voll Whisky meines Mitbewohners in den Morgenkaffee tun und diesen Akt als Beginn der Revolution ausrufen.

Ich möchte mich abends gern mit Leidensgenossen, die sich als meine Freunde ausgeben, mit billigem Wein betrinken und mich dabei rein und unschuldig fühlen, als Teil der neunundneunzig Prozent Verlierer.

Ich möchte diese Nacht gern eine ebenso reine und unschuldige Seele küssen und sie flüsternd bitten, sich nicht um meinen Mitbewohner zu kümmern, denn der hat den festesten Schlaf der Welt.

Ich möchte ihr gern vormachen, dass er nur vorübergehend hier ist und dass auch ich hier nur vorübergehend bin.

Ich möchte morgens gern das Selbstbewusstsein verlieren und auf dem Gesicht einer Unbekannten heimlich Spuren von Enttäuschung lesen.

Ich möchte sie gern zur Busstation bringen und mir unterwegs einreden, dass es besser ist, wenn wir uns nie wiedersehen, weil ich ihr nicht mehr bieten kann als eine unausgeschlafene Nacht und einen Morgen voller Reue.

Ich möchte gern den Rest des Tages in meiner Hälfte der Kellerbehausung verbringen und die Beine der Menschen hassen, die an meinem Fenster vorübergehen und im Nebel verschwinden, ohne sich um mich und um irgendwen zu kümmern.

Ich möchte mich gern unendlich weit weg von ihnen fühlen, ich möchte spüren, dass nichts auf dieser Welt mir gehört, sondern alles ihnen.

Ich möchte gern den ganzen Tag auf Gratiskanälen nach Reprisen alter Sitcoms suchen.

Ich möchte mich gern über den Montag freuen, als würde mit ihm ein neues Jahr beginnen, aber schon vor Mittag feststellen, dass mit ihm nur mein Leben weitergeht.

Ich möchte mich bis Mittwoch oder Donnerstag mit seiner Fortsetzung abfinden und ihm schließlich die Übermacht zugestehen.

Ich möchte mich gern damit anfreunden, dass mein Leben niemals besser werden wird.

Alles das möchte ich gern, und deshalb schenkt mir bitte euer Leben, das ihr selbst gern wegwerfen würdet.

Ich nehme alles.

Denn ihr lebt, obgleich ihr es nicht wisst, in einer besseren Welt.

Aus dem Slowenischen von Klaus Detlef Olof

Spanien

Michael Krüger:
Rezept für Europa:»Optimisten glauben, wir seien auf der Welt, um glücklich zu werden; Pessimisten sind der Ansicht, unser Ziel sei es, so vielen Katastrophen wie möglich zu entgehen.«

Alida Bremer:
Humorvoll, deutlich, ehrlich und auf den Punkt gebracht spricht Javier Cercas aus, was viele Menschen in Europa denken, hoffen sowie befürchten: Auch wenn es immer wieder Rückschläge gab und auch wenn man in keinem Fall von einer geradlinigen Entwicklung der Geschichte ausgehen kann, so müssen wir dennoch zugeben, dass »unsere Welt insgesamt viel besser ist als die der alten Römer oder Griechen«. Und dennoch gibt es heute viele Gründe zur Sorge, vor allem die Rückkehr des Nationalismus wirkt bedrohlich.

Javier Cercas
Eine bessere Welt (oder auch nicht)

Die »Trinkgeld-Theorie« ist eine Erfindung des großen katalanischen Schriftstellers Josep Pla. Nach dieser Theorie ist alles, was auf dieser Welt nicht in einer Katastrophe endet, ein Trinkgeld, ein kleiner Dank des Schicksals. Wir stehen morgens auf und kein Herzinfarkt streckt uns umgehend wieder zu Boden: »Bitte schön!« Abends gehen wir ins Bett und es ist kein dritter Weltkrieg ausgebrochen: »Bitte schön!« Kurz gesagt, Pla war Pessimist. Optimisten glauben, wir seien auf der Welt, um glücklich zu werden; Pessimisten sind der Ansicht, unser Ziel sei es, so vielen Katastrophen wie möglich zu entgehen und so viele Trinkgelder einzustreichen, wie wir nur können. Deshalb leben Pessimisten auch so ruhig und zufrieden dahin, während die Optimisten von ständiger Unruhe und Unzufriedenheit umgetrieben werden. Der Inbegriff des Pessimisten ist Ricardo Reis, eines der Heteronyme von Fernando Pessoa. Reis-Pessoa schrieb:»Wenn du nichts erwartest, wird das, was der Tag dir bringt, so wenig es sein mag, viel erscheinen.« Der Inbegriff des Optimisten ist Ambrose Bierce, der einmal diese Definition des Wortes»Jahr« formulierte:»Ein Zeitraum von 365 Enttäuschungen.«

Sie haben es erraten: Ich bin Optimist. Und als ob das nicht genug wäre, habe ich auch noch einen Sohn. Das bedeutet, dass ich nicht nur glaube, wir seien auf der Welt, um glücklich zu werden, sondern auch, dass eine bessere Welt möglich ist. Diese beiden lächerlichen Annahmen, die für so viele persönliche Enttäuschungen sorgen, entbehren jedoch keineswegs jeder Grundlage. Natürlich verläuft der Fortschritt nicht ungebrochen geradlinig von der finsteren Barbarei zum Licht der Zivilisation, es gibt vielmehr häufig Rückschläge: Das Leben im Europa des Hochmittelalters war schlechter als während des Römischen Reichs, so wie das Leben in den vierziger Jahren des 20. Jahrhunderts viel schlimmer war als in den zwanziger Jahren. Trotzdem scheint mir die Behauptung nicht übertrieben, dass unsere Welt insgesamt viel besser ist als die der alten Römer oder Griechen. Stellen Sie sich bloß mal ein Krankenhaus vor, in dem es keine Betäubungsmittel gibt – sehen Sie, dass ich recht habe? Auf jeden Fall hat mein Vater besser gelebt als mein Großvater, wie auch ich besser lebe, als mein Vater gelebt hat.

Ob mein Sohn besser leben wird als ich? Das ist eine große Frage, auf die ich nicht mal eine noch so kleine Antwort habe. Wenn ich überlege, dass ich der ersten Generation von Europäern seit tausend Jahren angehöre, die in ihrem Leben keinen Krieg durchgemacht hat – genauer gesagt, keinen Krieg zwischen den Großmächten –, und dass wir Europäer dabei sind, an der einzigen vernünftigen Utopie unserer Geschichte zu arbeiten, nämlich der Europäischen Union, sage ich mir: ja. Wenn ich dann aber an Le Pen und Trump und den Brexit und die überall auf dem Kontinent stattfindende Rückkehr des Nationalismus denke, sage ich mir: nein. Ich weiß, am vernünftigsten wäre es, nichts zu erwarten oder nur das Schlimmste, also Pessimist zu sein, um so wenig wie möglich zu leiden, wenn das Unglück eintritt, und zu lernen, alles zu genießen, was nicht ganz so schlecht ist. Aber vernünftig war ich noch nie, und außerdem habe ich, wie gesagt, einen Sohn. Was das Glück angeht, gebe ich offen zu: Obwohl ich ein zwanghafter Optimist bin, war ich immer schon der Ansicht, dass das Glück den Gespenstern gleicht, also etwas ist, wovon alle Welt spricht, und doch hat noch niemand es je zu Gesicht bekommen. Es sei denn, das Glück besteht einfach darin, am Leben zu sein. Und alles andere ist ein Trinkgeld.

Aus dem Spanischen von Peter Kultzen

Tadschikistan

Alida Bremer:
Eine Erzählung über die Vergebung aus Tadschikistan, einem Land, das in den Hochgebirgen zwischen Afghanistan, Usbekistan, Kirgisistan und der Volksrepublik China liegt. Wir erkennen in dieser scheinbar schlichten Erzählung ein Familiendrama, wie es sich überall in der Welt hätte abspielen können: Selbst der Tod macht die Seelen nicht weicher, sondern verhärtet sie noch. Abdujhaffor Abdugabborovs weiser alter Familienvater weiß das nur zu gut. Würden ihm doch alle Väter zuhören!

Michael Krüger:
Warum aber wollte die Mutter alleine leben?

Abdughaffor Abdujabborov
Der Vater und seine Kinder

Eines Abends versammelte ein alter Mann seine Kinder rund um den Dastarchan, die gedeckte Tafel. Zwei erwachsene Söhne und eine neunzehnjährige Tochter.

Er saß schweigend da und dachte an etwas. Mit großer Anstrengung bemühte sich der alte Mann, die richtigen Worte zu finden.

»Ich bin gezwungen, euch mitzuteilen, dass eure Mutter krank ist … ihre Tage sind gezählt. Die Ärzte haben es gesagt.«

Grabesstille. Niemand brachte auch nur ein Wort heraus.

»Was heißt das, unsere Mutter?«, entschloss sich schließlich die Tochter, zu fragen.

»Nun, die Mutter, die jeden von euch mehr als neun Monate in sich getragen hat.«

»Aber wir sind ohne Mutter aufgewachsen …!«

Der alte Mann wusste nicht, was er sagen sollte. Fast zwanzig Jahre lang hatte die Mutter kein einziges Mal die Kinder besucht, obwohl sie in der gleichen Stadt lebte. Sie hatte sie verlassen, als sie noch ganz klein waren.

Am nächsten Tag ging der alte Mann zum Vater der kranken Frau und überreichte ihm Geld.

»Das ist für Medikamente …«

Zwei Wochen später verließ die Frau unter großen Qualen diese Welt.

Sie hatte allein gelebt und starb allein.

Der alte Mann rief wieder seine Kinder zusammen.

Er schwieg lange.

»Eure Mutter ist gestorben«, brachte er schließlich heraus. »Morgen ist das Begräbnis.«

Diesmal sagten die Kinder kein Wort. In ihren Augen war kalte Gleichgültigkeit.

Am folgenden Tag standen die Kinder des alten Mannes im Kreis der Verwandten der Verstorbenen.

Sogar in diesem bitteren Augenblick tauchten in ihren Herzen keine guten Gefühle auf. Die Liebe zu ihrer Mutter war schon sehr früh in ihren Seelen gestorben. Sie war eine Fremde für sie. Sie konnten sich nicht zwingen, in Schluchzen auszubrechen, geschweige denn eine einzige Träne zu vergießen.

Am Abend fragten die Söhne den Vater:

»Warum haben Sie uns gezwungen, den Sarg zu tragen?«

»Ich weiß nicht …«, sprach er und schaute seinen Söhnen direkt in die Augen. »Möglicherweise, damit ihr keinen Groll gegen sie hegt und eure Kränkungen loslasst … damit eure Seelen nicht vertrocknen … ihr seid noch jung …«

Aus dem Russischen von Mascha Dabić

Tschechische Republik

Michael Krüger:
»Die Welt ist komplex. Aber würden sich alle für die norwegischen Bahnübergänge interessieren, wäre sie auf jeden Fall entspannter.« Warum interessieren sich nicht mehr Menschen für norwegische Bahnübergänge?

Alida Bremer:
Zwei junge Männer trinken Bier und unterhalten sich über dies und das. Wäre da nicht ein leichter Anflug von Verzweiflung, wären da nicht die mehrfach erwähnten Selbstmorde, könnte man ihre Unterhaltung als belangloses Plaudern bezeichnen. Aber aus jedem ihrer Sätze spürt man Melancholie und Ausweglosigkeit. Bahnübergänge laufen wie ein roter Faden durch diese Geschichte, wohin können sie uns entführen? Vielmehr: Was ist es, wovon sie uns fortbringen wollen?

Jaroslav Rudiš
Ein Bier mit Max

Max und ich sitzen auf dem Letná-Plateau und trinken Bier. Wir haben uns seit vier Wochen nicht gesehen.

Und ich sage:

»Vor ein paar Tagen haben wir einen Kurztrip nach Süddeutschland gemacht, Lena und ich, zu Freunden nach Baden-Baden, kennst du doch, der Kurort. Wenigstens einmal im Leben müsste man im Spielcasino gewesen sein, dachten wir, schon Dostojewski hatte in Baden-Baden gezockt, den *Spieler* hast du ja gelesen, nicht? Vor dem Eingang saß ein Chinese. Besonders aufgeräumt wirkte der nicht. Mit gelockerter Krawatte hockte er da, murmelte was vor sich hin, rauchte und raufte sich die Haare, kein guter Anblick. Lena sah ihn schon sich an seiner Krawatte aufhängen, der Typ hat bestimmt gerade seine Firma verspielt, sagte sie, wenn nicht gleich ganz China – wollen wir da wirklich hin? Aber wir sind trotzdem rein.«

Und Max sagt:

»Bin noch nie im Casino gewesen. Aber an manchen Kneipenabenden überfällt es mich und ich werfe mich der Daddelmaschine in die Arme. Das letzte Mal habe ich in zwei Stunden einen Zwanni gewonnen.«

»Wie viel hast du reingsteckt?«

»Auch 'nen Zwanni. Aber eine Zeitlang hatte ich ein Plus von zwölfhundert. Der Kellner fand mich total bescheuert, er wollte mir den Gewinn gar nicht auszahlen. Ich soll weiterspielen, meinte er.«

»Ein Casino läuft heutzutage eh' wie ein Automat. Alles digital, bis auf das Roulette und die Croupiers. Das fand ich ganz schön öde. Aber der alte Saal, der war schon herrlich. Und dann die Leute! Da wird sich seit Dostojewski nicht viel geändert haben. Die angespannt leeren Visagen. Irgendwie sehen sie alle ein wenig wie Geister aus, weißt du. Russen, Araber, ein paar Nutten, alte pensionierte Witwen mit goldener Armbanduhr. Ein Typ, der von seiner besseren Hälfte kommandiert wird, schon zweimal ist die Neunzehn gefallen, du musst auf Neunzehn setzen, du Idiot, und dann setzt er auf Neunzehn und es fällt die Zwanzig und die Alte kreischt, wie kannst du so blöd sein, du Trottel! Andere Typen hocken wiederum allein und schweigsam rum, vor sich ein Schnapsglas und auf dem Tisch kleine Kärtchen ausgebreitet, mit Rouletteskizzen, verschiedenen Kodes, Chiffren und Plänen, sie spielen nach eigenem System, das sie in ihrem Wahn ausgebrütet haben. Andere glotzen nur rum und dröhnen sich mit Alk zu.«

»Neulich bin ich fast verrückt geworden. Hab ein altes Photo von mir gefunden. Neunundzwanzig bin ich da drauf. Und sehe gut aus. Auf dem Photo steht mir all der Scheiß noch bevor.«

»Heutzutage lässt sich doch jeder zweite scheiden.«

»Ich weiß. Ich hab das schon verdaut, Frauen bringen mich nicht mehr aus der Fassung. Außerdem gibt's abends immer 'ne Menge zu tun, im Moment bin ich mit den Schranken zugange.«

»Was?«

»Mit den Schrankenanlangen auf Bahnübergängen. Total spannend, wie unterschiedlich das alles in einzelnen Ländern gehandhabt wird, ich meine die Übergänge, die Schranken und die Signallichter. Am interessantesten ist Norwegen. Du glaubst gar nicht, wie viele norwegische Bahnübergänge man auf Youtube findet.«

»Und wie sind die so, die norwegischen Bahnübergänge?«

»Sie haben ein rotes Licht.«

»Kennst du den Film *O'Horten*?«

»Über den Lokführer, der seine letzte Schicht auf der Strecke Oslo-Bergen hat, und der seinen letzten Zug verpasst? Kenn ich. Warum?«

»Ist das einzige, was mir zum Thema Eisenbahn und Norwegen einfällt. Ich wollte bloß was beisteuern.«

»Ach so. Ich dachte, was die Eisenbahn betrifft, bist du der Fachmann ... Übrigens, bin die Strecke neulich gefahren, auf Youtube kannst du sie aus der Lokführerperspektive sehen.«

»Wie lange fährt man die?«

»Einen ganzen Tag. Herrliche Landschaften, am Meer ist noch Herbst, oben in den Bergen liegt schon Schnee, dazu noch 'ne Menge Tunnel. Aber du kannst die auch nachts fahren.«

»Dann siehst du gar nichts.«

»Fast nichts.«

»Hast du echt den ganzen Tag vorm Bildschirm gehockt und dir die Strecke Bergen – Oslo angeguckt?«

»Na ja, es war Sonntag, ich hatte sowieso nichts zu tun. Außerdem wollte ich die Bahnübergänge von der Lokführerkabine aus gesehen haben. Das müsste dich doch auch interessieren, du Bahnexperte.«

»Hm.«

»Du, wir können gerne das Thema wechseln.«

»Als ich mal in der Slowakei war, da musste unser Zug auf freier Strecke halten, weil wir auf einem Bahnübergang jemand überfahren haben. Der Lokführer rannte hinter den letzten Wagen, um sich den Typen anzugucken, und danach marschierte er hin und her, immer wieder fünf Meter nach vorn und fünf Meter zurück, und rief dabei, ich kann nicht weiter fahren, ich fahre nicht, auch wenn ich es möchte, denn ich darf es nicht, sie müssen jemand anders schicken, ich darf die Fahrt nicht fortsetzen, ich habe den Typen schon heute früh an den Gleisen stehen sehen, als ich nach Žilina fuhr, ich wusste, er würde reinspringen, ich darf nicht weiter fahren ...«

»Der Arme.«

»Genau. Einmal hat mir im Lokal »Zum raugeschossenen Auge« ein anderer Lokführer erzählt, wie ihn die Augen der Überfahrenen verfolgen, ihn in den Sitz hineinbohren würden. Er meinte, die Augen der Selbstmörder würde er nie vergessen.«

»Da haben wir uns aber ein schönes Thema ausgesucht, Mensch.«

»Wir könnten auch über Frauen reden. Wie läuft's mit Klára, diese Lehrerin, die steht doch auf dich, oder?«

»Hm. Keine Ahnung.«

»Okay. Also dann nehmen wir doch lieber Politik.«

»Um Gottes willen, die schon gar nicht. Über Politik rede ich nie ... hör mal, ich kann beim besten Willen nicht verstehen, warum der tschechische Innenminister nichts anderes als Tschechisch spricht. Da wird er sich in Brüssel so richtig austoben können. Oder wie er es geschafft hat, seinen Bachelor in Jura in ein paar Monaten hinzulegen.«

»Vermutlich ist er einfach nur richtig klug.«

»Der Hauptmann von Südmähren hat wiederum sein Jurastudium in einem slowakischen Kaff absolviert. Und solche Leute werden gewählt. Mal ehrlich: Wenn ich über die tschechischen

Politiker nachdenke, über diese narzisstische, halbgebildete, populistisch-nationalistische Clique, dann schalte ich lieber auf norwegische Bahnübergänge um.«

»Jetzt bist du aber richtig in Fahrt gekommen, Max.«

»Die ergeben wenigstens einen Sinn, weißt du? Es kommt ein Zug, die Schranke geht runter. Der Zug fährt weg, die Schranke geht hoch. Da gibt es ein System. Ohne Korruption. Ohne Emotionen. Das bringt mich dann wieder runter. Aber willst du wissen, was ich rausbekommen hab'? In Schweden fallen die Schranken schneller als in Norwegen. Außerdem haben sie dort zwei rote Signallichter, wie wir hier in Tschechien. Richtig interessant wird es in Finnland, dort haben sie manchmal zwei Signallichter, aber manchmal nur eins, genauso wie bei den Norwegern. Allerdings haben die finnischen Schranken die gleiche Farbe wie die schwedischen, gelbrot. Während die norwegischen weißrot sind wie die bei uns.«

»Ich komme nicht ganz mit.«

»Ist okay. Die Welt ist halt komplex. Aber würden sich alle für die norwegischen Bahnübergänge interessieren, wäre sie auf jeden Fall entspannter.«

»Wie war das nun mit der Klára?«

»Nichts.«

»Willst du sie nicht anrufen?«

»Nein.«

Wir schweigen eine Weile und liebkosen unsere Biergläser. Und Max sagt:

»Der Chinese, dort in dem Casino, hat der sich aufgehängt?«

Und ich sage:

»Keine Ahnung.«

Aus dem Tschechischen von Eva Profousová

Türkei

Alida Bremer:
Die Geschichte einer somalischen Frau, die in der Wüste an der libysch-tunesischen Grenze mit ihrer dreijährigen Tochter vor einem Zelt in einem Flüchtlingslager hockte und dort ein Gärtchen in Form eines Herzens angelegt hatte: Diese Szene hat mich an die Geschichte meiner eigenen Familie erinnert. Zwei Schwestern meiner Mutter waren im Zweiten Weltkrieg als Flüchtlinge aus Kroatien in Ägypten, in der Wüste Sinai, in einem Lager namens El Shatt. Und dort haben dalmatinische Frauen die britischen Militärzelte, ihre Bettlaken und ihre Kopfkissen mit Blumen bestickt, damit diese Blumen sie an ihre verlassenen Gärten an der Adria erinnern.

Michael Krüger:
Es gibt nur eine Charta der OSZE, aber viele moralische Vorstellungen, wie diese zu füllen ist. Von einer planetarischen Welt- und Wertegemeinschaft jedenfalls sind wir noch weit entfernt. Fangen wir mit der Schönheit an, wenn die Frage nach Gerechtigkeit nicht gestellt werden darf.

Ece Temelkuran
Sind wir entschlossen genug, Schönes zu erschaffen?

Der Faschismus legt es nicht von vornherein darauf an, Menschen umzubringen; er krempelt sie vielmehr um. Wenn er siegt, hat er das seiner Fähigkeit zu verdanken, Menschen substantiell umzugestalten. Der Respekt vor den Mitmenschen ist das erste, was auf der Strecke bleibt. Das Spiel beginnt, wenn im mehrheitlichen Denken der Prozess der Legitimation von Gewalt einsetzt, der die Leute gefügig und Brutalität gegen andere akzeptabel macht.

Die auf diese Weise umgekrempelten Bürger werden bereit sein, sich für ein Goldenes Kalb der Tyrannei, das vor ihren Augen errichtet wird, zu begeistern. Über den Charakter dieser neuen Bürger wird in den Kapiteln künftiger Geschichtsbücher nicht viel Schmeichelhaftes nachzulesen sein. Ist diese Charakterveränderung aber erst einmal bewerkstelligt, wird es umso einfacher, auch alles Übrige umzukrempeln...

Und das ist genau das, was sich in der Türkei abspielt.

*

Die Erfahrungen mit dem Faschismus im Lauf des vergangenen Jahrhunderts haben uns gelehrt, ihn zu diagnostizieren, wenn er sich durchgesetzt hat; jedoch haben sie uns nicht befähigt, ihn im Prozess seines Werdens festzunageln, bevor sein hinterlistiges und verführerisches Vorgehen in kollektives Verbrechertum umschlägt.

Die Welt wird heute Zeuge eines Faschismus anderer Art. Der ausgewachsene Krieg der organisierten und mobilisierten Ignoranz gegen den Geist ist im Begriff, seine bedrohlichste Ausprägung zu erreichen. Das Konzept der Demokratie wird von den abstumpfenden politischen und kulturellen Mechanismen des Neoliberalismus untergepflügt. Das Wissen darum, dass die Welt ihrer physischen Erschöpfung entgegentaumelt, ermüdet den Geist, zumal es keine Ewigkeit mehr zu geben scheint, für die es sich lohnen würde, ein politisches Ideal auszuarbeiten. Ich, die Geschichtenerzählerin, blicke aus der Gegenwart auf die Geschichte der Menschheit zurück und sehe einen Teufelskreis von Niederlagen, für dessen Durchbrechung es allem Anschein nach zu spät ist, wenn überhaupt jemals die Chance dazu bestand. Die Menschheitsgeschichte ist offenbar eine Ansammlung unternommener Anläufe, bei denen wir dem Ziel eines »Himmels auf Erden« mehrmals nahe gekommen sind, ohne es je zu erreichen.

Allein, die Gegenwart ist nicht das Ganze.

Ich, die Geschichtenerzählerin aller Zeiten, werde ständig mit der Frage bombardiert:»Besteht Hoffnung?« So viele Male blieb mir als Reaktion nur die Sprachlosigkeit. Heute verstehe ich, dass die Frage einfach falsch gestellt ist.

Sie sollte lauten:»Sind wir entschlossen genug, Schönes zu erschaffen?« Es kommt nicht auf Hoffnung an, sondern auf die Entschlossenheit, Schönes zu erschaffen, das eines Tages vielleicht die faschistische Gefahr vom Erdboden verschwinden lässt. Hoffnung ist ein zu fragiles, zu unverbindliches Wort, als dass es sich als Werkzeug in diesem Kampf einsetzen ließe, in dem nur die Entschlossenheit, Schönes zu schaffen – sowohl in einem philosophischen als auch in einem praktischen Sinn – die Kraft zum Durchhalten liefern kann.

Den Beweis dafür antreten kann kein Romanheld; es können dies vielmehr nur die Aussagen jener wirklichen, vom grenzenlosen Bösen unserer Zeit geprüften Menschen, die Flüchtlinge.

Ein superheißer Tag an der libysch-tunesischen Grenze 2011. Die Zelte des Flüchtlingslagers sind mit Wüstensand eingedeckt. Nichts als tödliches Gelb. Eine somalische Frau hockt mit ihrer dreijährigen Tochter einsam vor ihrem Zelt. Zwei Niemande, die auf nichts warten. Sie hat dort ein Gärtchen in Form eines Herzens. Die Konturen ihres Kleingartens hat sie mit in den Sand gesteckten leeren Plastikflaschen markiert. Im Garten wachsen kümmerliche Grünpflanzen.»Ich habe mir die Samen von den vorbeiziehenden Beduinen geborgt«, sagt sie auf meine Frage hin. Ich gebe der Kleinen ein Bonbon. Auf ein Zeichen der Mutter hin bedankt sie sich auf Englisch. Der Wille, mitten in der Wüste zu erblühen und freundlich zu sein. Nicht dass Hoffnung für sie bestünde, aber sie kann nicht anders. Sie kann nicht anders, als Schönes zu erschaffen.

Eines Tages wird die Kleine an die Wüste zurückdenken, an die lange Reise, den Hunger, die Einöde. Und dann wird sie sich an den kleinen Garten erinnern. Die Erinnerung an die Wüste wird das Mädchen keinen Schritt weiterbringen, aber sobald sie sich an das Gärtchen erinnert, wird sie wissen, was zu tun ist.

Nur der bewusste Wille, daran zu glauben, dass das Böse sich nicht über Generationen hinweg fortpflanzt, während das Gute die Zeiten überdauern kann, vermag in finsteren Zeiten die Schönheit ins Leben der Menschen zurückzubringen.

Aus dem Englischen von Karl Heinz Siber

Turkmenistan

Alida Bremer und Michael Krüger:
Es war nicht immer einfach, Autorinnen und Autoren für diese Anthologie zu finden. Aber nur aus einem Land ist es uns nicht gelun-
gen, einen Text zu erhalten, obwohl wir sogar auf die Hilfe der deutschen diplomatischen Vertretung in Turkmenistan zählen konnten.
Aus uns nicht bekannten Gründen haben die turkmenischen zu-
ständigen Stellen den versprochenen Text nicht geliefert. Vielleicht
ist die Erklärung dafür in der Tatsache zu suchen, dass es in Turkmenistan »zuständige Stellen« für Literatur gibt? Lassen wir also ein
leeres Blatt anstelle einer Geschichte für Turkmenistan sprechen.

Ukraine

Michael Krüger:
(Liest weiter vor): »Wer die heutige Welt rechtfertigt ... nimmt ihr alle Zukunftschancen.« (...) »Die Zukunft hat keinen Sinn, wenn uns egal ist, wie sie aussieht.«

Alida Bremer:
Unter den Ländern der OSZE herrschen nicht nur freundschaftliche Beziehungen, obwohl das sehr zu wünschen wäre. In einigen OSZE-Ländern hat es in der neuesten Geschichte Kriege gegeben – etwa in den Nachfolgestaaten des ehemaligen Jugoslawien. In der Ukraine herrscht noch immer Krieg, und wieder sind OSZE-Mitglieder in den Konflikt involviert. Serhij Zhadan erhebt mit seinem Text eine deutliche Anklage gegen diesen tragischen Umstand.

Serhij Zhadan
Die Zukunft sollte anders sein

Wenn wir von einer besseren zukünftigen Welt sprechen, geben wir damit zu, dass die heutige, die Welt, in der wir jetzt leben, ganz und gar nicht ideal ist und dringender Fortentwicklung bedarf. Ich weiß zwar nicht, ob es eine ideale Welt überhaupt geben kann, aber wenn wir über die Bedingungen sprechen, unter denen wir derzeit leben, wird kaum jemand, der sich ernsthaft und verlässlich äußert, behaupten, dass die Welt schön sei und wir sie so lassen können, wie sie ist. Die Welt ist ganz und gar nicht schön. Sie ist ungerecht und scheußlich. Sie braucht Veränderung. Ebenso wie wir – auch wir brauchen substantielle innere Veränderungen, substantielle weltanschauliche Transformationen. Anderenfalls finden wir uns morgen im Dritten Weltkrieg oder in einem lokalen Inferno wieder.

Wer die heutige Welt rechtfertigt, mit ihren verzerrten und verlogenen politischen Konstrukten, mit ihrer selbstmörderischen ökonomischen Ausrichtung, mit ihrer Deutung der Menschenrechte und der menschlichen Würde, mit ihrem Begriff von Freiheit und Würde, mit ihrer Einstellung zu Bildungs-, Gesundheits- und Umweltfragen, nimmt ihr alle Zukunftschancen. Die Zukunft sollte sich auf Gleichheit, Gegenseitigkeit und Verantwortung gründen. Sonst hat die Welt keine Chance. Wer Ungerechtigkeit relativiert, wird sie nicht beseitigen. Wer Verantwortungslosigkeit mit Sorglosigkeit verwechselt, wird den Rest seiner Tage nicht unbeschwert verleben können. Wenn wir heute Lüge, zweierlei Maß und Ungerechtigkeit zulassen, verspielen wir die Chance auf eine gerechte Welt in der Zukunft.

Die zukünftige Welt sollte auf jeden Fall gerecht sein, auch wenn das utopisch klingt. Mehr noch, unsere zukünftige Welt sollte so beschaffen sein, dass die Forderung nach Gerechtigkeit nicht utopisch klingt. Wenn wir die Zukunft gestalten und dabei das heutige Ausmaß an politischer Korruption, wirtschaftlicher Verantwortungslosigkeit und Kulturchauvinismus tolerieren, bauen wir uns freiwillig ein Gefängnis, in dem wir auf unbestimmte Zeit einsitzen werden. Natürlich sind diese Dinge seit langem bekannt. Leider gerät das Bekannte immer schnell in Vergessenheit.

In den meisten Fällen ist Ungerechtigkeit kein abstraktes Phänomen. In den meisten Fällen hat das Unrecht einen konkreten Namen. In den meisten Fällen haben Ungleichheit, Aggression und Lüge ein Gesicht. Es ist für uns alle besser, das Unrecht beim Namen zu nennen, die Lüge aufzudecken und nicht zu verschweigen, Verbrecher, Aggressoren und Vergewaltiger für die begangenen Straftaten zu belangen. Die Welt ist zu unvollkommen, als dass man schweigen könnte. Wir alle sind zu verletzlich und wehrlos gegenüber der Zeit und der Geschichte, als dass wir uns ironisch herausreden könnten, wenn wir vernichtet werden. Die Zukunft hat keinen Sinn, wenn uns egal ist, wie sie aussieht.

Das Land, in dem ich lebe, führt seit drei Jahren Krieg gegen einen Aggressor. Einen Aggressor, der sich heute, in unseren Tagen, über alle rechtlichen und moralischen Regeln hinwegsetzt. Der zynisch und brutal die Lehren der Vergangenheit übergeht und dessen Zukunft auf totaler staatlicher Gleichschaltung, Chauvinismus und Revanchismus fußt. Für uns ist die Zukunft ohne wirtschaftliche Stabilität und ohne soziale Absicherung undenkbar. Uns geht es um unsere Existenzberechtigung, um den Erhalt unserer Freiheit, um unser Überleben. Für uns ist Geschichte nichts Abstraktes – sie ist die Wirklichkeit, die vor unseren Augen entsteht, die unsere Hände erschaffen. Wir haben große Vorbehalte gegenüber der Vergangenheit und große Erwartungen an die Zukunft. Und wir haben eine große Verantwortung. Es wäre gut, wenn alle, die über eine zukünftige bessere Welt sprechen, diese Verantwortung auch empfänden.

Aus dem Ukrainischen von Claudia Dathe

Ungarn

Alida Bremer:
Der ungarische Philosoph und Philosophiehistoriker Tamás Miklós schreibt, dass man das Glück und das Unglück erst *a posteriori* als Glück oder Unglück erkennen kann, und dass die Welt nur aus der Distanz betrachtet als *die Welt* verstanden wird, »aus der Fremde«. So wie auf der Zeitachse des Lebens das Paradies der Kindheit verschwindet, oder so wie im Krieg das eigene Haus, die eigene Stadt, das eigene Land für immer zerstört werden können, und wir erst dann verstehen, was wir damit verloren haben, so offenbart die Welt als »Negation der sinnlosen Wirklichkeit« erst dann ihren Sinn vollständig, wenn sie verschwunden ist, wenn sie zu einem Ende gebracht wurde und Distanz entsteht. Im Jetzt, so scheint es, können wir das Glück kaum greifen.
Und heute? Heute sind wir weltlos geworden: Das Ende jener Welt vor siebzig Jahren hat uns »im Trümmerfeld der Sinngebungsruinen« zurückgelassen.

Michael Krüger:
Ist eine Nachwelt des Menschen denk- und vorstellbar? Eine Welt ohne Menschen, wie wir sie kennen? Oder sind das Fragen, die nur Dichter stellen?

Tamás Miklós
Vorübergehende Weltbeglückungsprobleme

Glück und Unglück sind nicht nur von einem Blickwinkel abhängige, relative Begriffe (siehe etwa Jacob Burckhardt). Sie erfordern Maßstäbe, das Wissen um Gut und Böse, damit man sie überhaupt unterscheiden kann. Sie benötigen eine Welt, die die Benennung der Dinge und ihrer Relationen ermöglicht, mehr noch, voraussetzt, indem sie den Interpretationskontext und somit erst die sprachliche Artikulation unserer Erfahrungen anbietet.

Eine Welt ist mit dem Wort gegründet, mit der Benennung, der Unterscheidung und der Trennung – der Erde vom Himmel, des Menschen vom Tier und so weiter. Wir schöpfen unsere Welt und richten sie ein, indem wir das Selbst von den Anderen, das Nützliche vom Nutzlosen, das Bedeutungsvolle vom Bedeutungslosen, das Gute vom Bösen, das Glück vom Unglück unterscheiden. Eine Welt kann man sich nur als eine menschliche Welt vorstellen, als Sinngebung des Sinnlosen, als sinnvoll dargestellte Struktur der Sinngebungen, die ihren Sinn nur aus einer Distanz preisgeben, von außen also: aus der Fremde. Wir können Elemente der Wirklichkeit benennen, sie zu ihrer Bedeutung führen, wenn wir uns von ihnen unterscheiden, wir können ihre fremde Sinnlosigkeit nur durch gewaltsame Sinngebung vernichten. Dass wir die stummen Wirklichkeitselemente ihrer Fremdheit berauben, sie in der Benennung, durch Interpretation provisorisch beherrschen können, ist nur möglich, wenn wir unseren Gegenständen als Fremde gegenüberstehen. Wie alle einzelnen Sinngebungen ist auch die Vorstellung einer sinnvollen Welt nur von außen möglich, man braucht eine Distanz, einen Blickpunkt außerhalb der Welt; deshalb braucht man Gott oder schreibt man Geschichtsphilosophie, die Theologie der Gottlosen. Außerhalb der Welt (außerhalb der Fülle von Sinngebungen) stehen kann man vor oder nach der Zeit der Welt. Die Welt ist eine Negation der sinnlosen Wirklichkeit – sie ist göttlich, menschlich. Zeit und Welt, wie zum Beispiel Jacob Taubes es beschrieben hat, gehören zueinander, die Welt wird aber erst zur Welt (bedeutungsvoll also) durch ihr Ende, mit dem Ende ihrer Zeit.

Nur eine sinnvolle Welt ist eine Welt, sie muss nicht gut oder schlecht sein, sie beinhaltet aber die Konturen von Gut und Böse. Da sich der Sinn einer Welt nur nachträglich entblößt, braucht sie ein Jenseits. Die Welt, die mit dem Wort der Benennung, das heißt, mit der Unterscheidung gegründet wird, wird beendet mit dem Wort der Enthüllung ihrer Sinneinheit.

Von Glück und Unglück kann man träumen und darauf hoffen, urteilen aber kann man nur nachträglich, aus der Fremde, wenn alles vorbei ist. Um über Glück und Unglück zu sprechen, bedarf es der Hoffnung, dass unsere Worte mit einem gemeinsamen Kontext rechnen können.

Ob unsere Worte überhaupt gemeinsame Kontexte (oder sogar eine gemeinsame Welt) haben, bezweifelten nicht nur Begriffshistoriker oder Sprachphilosophen. Jedoch ist die Möglichkeit eines partiellen, fragmentierten, begrenzten und provisorischen Verständnisses oft gegeben: in den Fachsprachen, in der Sprache der Verkehrsregelungen, in den Schul-, Gefängnis-, Kloster-, Kneipen- oder Armeekameradschaften, im politischen Jargon bestimmter Medienkreise, in isolierten Dorf-, Glaubens-, oder Mythengesellschaften. Ja, wir spielen unterschiedliche Sprachspiele, und unsere Worte sind beschlossen in den Welten der unterschiedlichen Sprachgebrauchsarten, die einander oft nicht zugänglich sind, weil sie – wie Reinhart Koselleck sagen würde – mit unterschiedlichen Zeitvorstellungen, mit anderen Erfahrungen und Erwartungen zusammengebunden sind. Aber immerhin, eine *praktische* menschliche Kommunikation ist hin und wieder möglich.

Eine Welt haben wir aber nicht. Nicht etwa deswegen, weil unsere Welt noch nicht beendet worden wäre und deshalb ein Bild von dieser Welt als Welt – ein Wissen also um Glück und Unglück – aus der Distanz nicht möglich wäre.

Auch nicht deshalb, weil wir Menschen in hoffnungslos unterschiedlichen Welten leben, die ganz unterschiedliche Glücks- und Unglücksvorstellungen haben, obwohl auch das zutrifft.

Es *gab* nämlich einmal eine Welt, eine Welt, die sich vor siebzig Jahren selbst beendet hat, eine Welt, die sich erst nachträglich als eine gemeinsame enthüllt und die das Ende ihrer Zeit – also ihre Entblößung – erlebt hat.

Nur mit dem Ende dieser Welt wurde sichtbar, dass sie einst eine Welt war.

Als Menschen erfahren haben, dass sie die Distanz zum schweigenden Leben, zur Wirklichkeit nicht mehr einnehmen können (siehe zum Beispiel Primo Levi, Imre Kertész), dass sie den Elementen der Wirklichkeit *nicht mehr fremd* – also als Subjekt – gegenüber stehen, keine Schöpfer ihrer Welt mehr sind, die Namen geben, identifizieren und unterscheiden, urteilen, erobern oder wählen können, dass sie als namenlose Masse Teil der nicht mehr mit Sinngebungsakten begreifbaren Wirklichkeit sind, von der sie verschluckt werden, dass sie alle Distanzierungsmöglichkeiten verloren haben, konnten sie nur noch eine einzige klare Distanz einnehmen: die Distanz zu der Welt, die, da sie zugrunde gegangen ist, an ihr Ende gekommen ist. Da man, um Mensch zu sein, eine gewisse Entfremdung von der leeren Flut der Sinnlosigkeit braucht, stellte die Rücknahme dieser Entfremdung, die erzwungene völlige Einheit mit der Wirklichkeit, das Ende des Menschseins und damit der Welt dar. Erst in der völligen Vereinigung mit der Wirklichkeit, mit dem vollständigen Verlust der Welt zeigte sich das einstige Bestehen einer Welt.

Mit dieser Apokalypse offenbarte die Welt sich als *die vollendete Geschichte des Scheiterns der Sinngebung des Sinnlosen*. Sie entpuppte sich als *die erste wirklich gemeinsame Geschichte der Menschheit,* als die erste richtige Welt, die sich zugleich als Trümmerfeld aller Sinngebungsversuche zeigte.

Seit diesem ersten Weltende haben wir aber keine neue Welt. Seither leben wir im Trümmerfeld der Sinngebungsruinen.

In der Nachwelt der Welt stoßen wir manchmal auf Menschen mit Worten und Gesten, die uns unerklärlicherweise erreichen, auf Menschen auch, die von unseren Worten und Gesten berührt scheinen. Womöglich sind diese begrenzten, partiellen Erfahrungen nur Missverständnisse der Liebe, der Freundschaft, der epikureischen Kollision von Erfahrungen. Sie passen nicht zu unserer Weltlosigkeit, vielleicht aber würden wir sie auch in einer Welt als Wunder interpretieren.

Usbekistan

Michael Krüger:
Für wen arbeiten wir eigentlich? »Wir alle arbeiten für den Staat/
Die Zunge des Staates ist zu lang.«

Alida Bremer:
Im Gedicht des usbekischen Dichters Azam Abidov kamen mir die
»opulenten Hochzeitsfeiern« irgendwie bekannt vor. Die einstigen
»Gastarbeiter« aus dem ehemaligen Jugoslawien haben in den
Sechzigern und Siebzigern des vergangenen Jahrhunderts in
Deutschland schwer gearbeitet und Geld nach Hause geschickt, das
nicht selten in riesige Hochzeitsfeste investiert wurde. Wie ähnlich
doch die Menschen überall auf der Welt einander sind!

Azam Abidov
Gedichtzyklus zum Thema »Eine bessere Welt«

Zu lang

Wir
Wollen unbedingt in reiche Länder,
Schicken unsere Männer und Frauen hin,
Wo sie schwer arbeiten oder sich verkaufen.

Die anderen Leute hier im Land
Feiern opulente Hochzeiten
Von dem geschickten Geld
Und singen ein Lied vom Glück.

Wir alle arbeiten für den Staat
Die Zunge des Staates ist zu lang.

Wir werden gewinnen

Ein eifersüchtiger Mensch
Nimm mich in dein Team auf
Wir werden gewinnen!

Unterschied

Mein lieber Mitmensch,
Lass uns Taxifahrer werden.
Die Leute erzählen uns dann wahre Geschichten
Aus ihrem Leben und Land.
Willst du deinem Hirn und Herzen sagen,
es soll sich für die Wende weiter öffnen?

Frage dich,
Ob du nicht im Kampf
Gegen Herrscher, gegen die Umwelt
Und gegen dein Ego stehst.

Lasst uns zusammen kommen und einander näher,
Um eine schöne Diskrepanz zu schultern.
Um eine Lebensstellung zu erbauen.
Ansonsten:
Lasst mich meine Phantasie verwerfen
Oder anders ausgedrückt:
Muss ich noch immer verhaftet werden,
Um einen Preis zu bekommen?

Madiba

Madiba,
Hast du den Mond zittern gesehen?
Ein Blatt ist vom Baum gefallen.

Ich glaubte, du könntest zur Brücke werden
Zwischen mir und dem Universum.
Ich bin kein bunter Hund und weiß,
Dass ich leuchtende Rechte habe, in das Blatt geritzt.
Doch will ich fragen:
Worüber würdest du
Im Schein des Mondes
Auf der Brücke
An einem friedlichen Tag
Mit einem Diktator diskutieren,
Madiba?

Lass mich nicht träumen

Lass mich nicht träumen, lieber Freund,
Und hilf mir nicht, wenn ich ohnmächtig werde.
Milder haben mich die letzten Jahre gemacht
Erlaub' mir bitte, dich zu inspirieren.
Ich bitte höflich, lass meine Hände helfen
Nimm, was du brauchst, hab keine Scheu …
Die Flügel meiner Wünsche will ich scheren –
Und anderen einen langen, langen Traum gewähren.

Aus dem Englischen von Karl Heinz Siber

Vatikan / Heiliger Stuhl

Alida Bremer:
Wir kennen diesen Grundsatz aus alltäglichen privaten Situationen und wir kennen ihn aus der Politik: Im Dialog bleiben bedeutet, Respekt zu zeigen und für sich zu verlangen. Egal wie taub die Ohren des anderen, egal wie taub wir selbst sein können oder wie falsch wir das Gesagte auffassen mögen – im Dialog bleiben bedeutet, den Frieden zu wahren. Das Abreißen des Dialoges führt zur Eskalation des Konflikts und zur Einsamkeit.

Michael Krüger:
Wir fordern eine Kultur des Dialogs! Solange alle in der OSZE vertretenen Länder dieser Forderung zustimmen, ist noch nicht alles verloren. Lass sie doch reden, denken manche Staaten, dann stören sie uns nicht bei der Ausübung der Macht.

Monsignore Mirosław Wachowski
Dialog: eine notwendige Vorbedingung für Konfliktlösungen

Dialog ist eine Zwei-Wege-Kommunikation – reden und zuhören, geben und nehmen – zum Zwecke der beiderseitigen Weiterentwicklung und Bereicherung. Ein solcher Dialog verkürzt die Entfernung zwischen Personen und Völkern und führt zu mehr Brüderlichkeit.

So gesehen ist der Dialog ein bedeutsames Instrument zur Gewährleistung eines echten, stabilen und dauerhaften Tragwerks für gesellschaftlichen Zusammenhalt und Frieden.

Jeder Schritt vorwärts in Richtung eines strukturierten Dialogs ist an und für sich schon ein Akt des Friedens und eröffnet einen Weg, der mithilft, Vertrauen und Zuversicht zu schaffen und

Konflikten vorzubeugen. Wenn hingegen Dialog durch Misstrau-
en, Verzagtheit und Feindseligkeit verdrängt wird, drohen Konflikte in den Beziehungen zwischen ganzen Völkern.

Es ist deshalb sehr wichtig, zu betonen, welch große Bedeutung dem Dialog zukommt und wie unabdingbar es ist, eine Kultur des Dialogs zu fördern. Am 6. Mai 2016 betonte Seine Heiligkeit, Papst Franziskus, in seiner Dankesrede für die Verleihung
des Internationalen Karlspreises, dass wir alle aufgerufen sind,
mit allen erdenklichen Mitteln eine Kultur des Dialogs voranzu-
bringen. So gesehen erfordert eine Kultur des Dialogs, wie Seine
Heiligkeit ausführte, vor allem »einen echten Lernprozess sowie
eine Askese, die uns hilft, den anderen als ebenbürtigen Ge-
sprächspartner anzuerkennen, und die uns erlaubt, den Fremden, den Migranten, den Angehörigen einer anderen Kultur als
Subjekt zu betrachten, dem man als anerkanntes und geschätztes
Gegenüber zuhört«.

Dialoge können einen außerordentlichen Beitrag zur Über-
windung von Gegensätzen leisten, besonders in Friedens- und
Versöhnungsprozessen. Deshalb müssen wir dringend alle Mit-
glieder der Gesellschaft an der Schaffung einer »Kultur, die den
Dialog als Form der Begegnung bevorzugt«, beteiligen und »die
Suche nach Einvernehmen und Übereinkünften [vorantreiben],
ohne sie jedoch von der Sorge um eine gerechte Gesellschaft zu
trennen« (Papst Franziskus, *Evangelii Gaudium* 239).

Trotz zahlloser Bemühungen und Initiativen erzeugen die
Konflikte, Spannungen und Probleme, die es auf der Welt gibt,
zuweilen Enttäuschung und Frustration. Solche existentiellen
Herausforderungen gemahnen uns aber trotz allem daran, dass
wir den Dialog nicht als einen «Luxus» betrachten dürfen – und
ebenso wenig als eine bloße Option. Dialog ist ganz im Gegenteil
etwas Wesentliches, etwas, das unsere von Konflikten zerrissene
Welt dringend braucht.

Aus allen diesen Gründen sollten wir mehr dafür tun, insbesondere einige klar und konkret definierte Ziele zu identifizieren,

die sich mittels Dialog erreichen lassen, und zwar hoffentlich in naher Zukunft. In diesem Sinn sollten wir primär auf Ziele wie wechselseitige Verständigung und Akzeptanz – bei allen Differenzen – und letztlich auch wechselseitigen Respekt hinarbeiten. Ein Dialog auf der Grundlage gegenseitigen Respekts kann in der Tat den Grundstein für Freundschaft und Zusammenarbeit auf einer breiten Palette von Gebieten legen, kann eine Kultur der wechselseitigen Akzeptanz fördern, kann mithelfen, Konflikte an der Wurzel zu packen und zu guter Letzt Frieden auf Erden zu schaffen, was nicht nur das erklärte abschließende Ziel unserer internationalen Sicherheitsarchitektur ist, sondern auch ein Grundbedürfnis der meisten, wenn nicht aller Menschen.

Aus dem Englischen von Karl Heinz Siber

Vereinigte Staaten von Amerika / USA

Michael Krüger:
»Ignorante Amerikaner für dumm zu verkaufen, ist eine der wenigen einheimischen Wirtschaftsbranchen, die wir noch haben.« Für welche Länder gilt das noch? Und wer ist schuld, dass es soweit kommen konnte?

Alida Bremer:
Charles Simic, der US-amerikanische *poeta laureatus* hat für unsere Anthologie einen Text gesandt, den er bereits im März 2012 in einer New Yorker Zeitschrift veröffentlicht hat – wohl im Bewusstsein des Umstandes, dass die Folgen der mangelhaften Bildung und der Ignoranz, über die er schreibt, in den folgenden fünf Jahren nur noch schlimmer und zugleich deutlich stärker wahrnehmbar geworden sind. Und zwar nicht nur in den USA, sondern überall auf der Welt. Einige der Aussagen aus jenem fernen Jahr 2012 muten heute geradezu prophetisch an, etwa »Für Ignoranten und Eiferer klingen Lügen stets glaubhafter als die Wahrheit« oder »Was wir in diesem Land erleben, ist der Aufstand der Dummen gegen den Intellekt«.

Charles Simic
Das Zeitalter der Ignoranz

Eine verbreitete, an Idiotie grenzende Ignoranz ist unsere neue nationale Zielmarke. Es bringt nichts, sich etwas anderes vorzumachen und uns zu erzählen, wie Thomas Friedman in der *New York Times*, gebildete Menschen seien die wertvollste Ressource unseres Landes. Das sind sie sicherlich, aber wollen wir sie denn noch? Es sieht für mich nicht danach aus. Der ideale Bürger eines politisch korrupten Staatswesens wie desjenigen, bei dem wir heute angelangt sind, ist ein leichtgläubiger Einfaltspinsel, der unfähig ist, Wahrheit von Unsinn zu unterscheiden.

Eine gebildete, gut informierte Bevölkerung, wie eine funktionierende Demokratie sie benötigt, ließe sich nicht ohne weiteres belügen und von den diversen, in diesem Land ihr Unwesen treibenden Interessengruppen, an der Nase herumführen. Die meisten unserer heutigen Politiker mitsamt ihren politischen Beratern und Lobbyisten wären ihren Job los, ebenso wie die Windbeutel, die heute als unsere Meinungsführer durchgehen. Zum Glück dieser Leute besteht nicht die entfernteste Aussicht darauf, dass sie in absehbarer Zeit ein so desolates Schicksal ereilen könnte, so sehr sie es auch verdienen und so viele es ihnen auch gönnen würden. Es fängt schon damit an, dass man an den Ignoranten mehr Geld verdienen kann als an den Aufgeklärten – ignorante Amerikaner für dumm zu verkaufen ist eine der wenigen einheimischen Wirtschaftsbranchen, die wir noch haben. Eine wahrhaft gebildete Bürgerschaft wäre keine gute Sache, weder für die Politiker noch für die Wirtschaft.

Es bedurfte Jahre der Gleichgültigkeit und Dummheit, um uns zu den Ignoranten zu machen, die wir heute sind. Jeder, der in den letzten vierzig Jahren an einer Universität gelehrt hat, wie ich es getan habe, kann Ihnen bestätigen, wie das Wissensniveau der Studienanfänger Jahr für Jahr gesunken ist. Es war anfänglich schockierend, aber heute wundert sich kein akademischer Lehrer mehr darüber, dass die netten und wissbegierigen jungen Leute einfach nicht in der Lage sind, den größten Teil des Stoffes, den man ihnen vermitteln will, zu kapieren. Amerikanische Literatur zu lehren, wie ich es getan habe, ist in den letzten Jahren ein immer mühseligeres Geschäft geworden, weil die Studenten, bevor sie an die Universität kommen, wenig lesen und es ihnen oft an grundlegenden Kenntnissen über die geschichtliche Epoche fehlt, in der ein Roman oder ein Gedicht geschrieben wurde, etwa auch darüber, welche wichtigen Ideen und Themen die denkenden Menschen in der betreffenden Zeit bewegten.

Selbst in Sachen Heimatgeschichte schreitet die Unwissenheit
voran. Studenten, die aus den alten Fabrikstädten Neuenglands
kommen, haben, wie ich feststellen musste, nie etwas von den
berühmten Streiks in ihrer Heimat gehört, bei denen Arbeiter
kaltblütig erschossen wurden und die Täter ungeschoren davon-
kamen. Dass die Schulen lieber die Finger von diesem Thema
lassen, hat mich nicht so sehr überrascht, aber dass die Eltern
und Großeltern dieser jungen Leute oder alle anderen, mit denen
sie während ihrer Kindheit und Jugend in Kontakt kamen, ihnen
nie von diesen Beispielen himmelschreienden Unrechts erzählt
haben sollen, kann ich kaum glauben. Entweder wurde in den
Familien nie über die Vergangenheit gesprochen, oder die Kinder
hörten nicht aufmerksam zu. Was auch immer es war, man sieht
sich mit der schwierigen Frage konfrontiert, was man tun kann,
um ihre weitgehende Unwissenheit über Dinge, mit denen sie
eigentlich vertraut sein sollten (wie es die Generationen vor ihnen waren), auszubügeln.

Hat dieser Mangel an Geschichtskenntnissen etwas mit der
jahrelangen Ausdünnung und Verflachung von Oberschul-Lehr-
plänen und mit Familien zu tun, die mit ihren Kindern nicht
mehr über die Vergangenheit reden, so gibt es eine weitere, noch
fatalere Sphäre der Ignoranz, die uns heute zu schaffen macht.
Sie ist die Folge jahrelanger ideologischer und politischer Polari-
sierung und des bewussten Trachtens der fanatischsten und into-
lerantesten unter den in diesen Konflikt involvierten Parteien
danach, durch Lügen über zahlreiche Aspekte unserer Geschichte und sogar unserer jüngsten Vergangenheit immer mehr Ignoranz zu erzeugen. Ich erinnere mich an mein ungläubiges Staunen, als ich vor einigen Jahren las, dass eine Mehrheit der
US-Amerikaner bei Umfragen erklärte, Saddam Hussein habe
hinter den Terrorangriffen vom 11. September 2001 gesteckt.
Mir erschien das als ein Propaganda-Coup, mit dem sich nicht
einmal die schlimmsten autoritären Regime der Vergangenheit
hätten messen können, von denen viele zu Arbeitslagern und

Erschießungskommandos Zuflucht nehmen mussten, um ihre
Bevölkerung so weit zu bringen, dass sie Lügen als Wahrheit ak-
zeptierte.

Zweifellos haben das Internet und das Kabelfernsehen den diversen politischen und wirtschaftlichen Interessengruppen die
Verbreitung von Desinformation auf einer Skala ermöglicht, wie
es früher nicht möglich gewesen wäre; aber damit das funktioniert, braucht man eine ungebildete Bevölkerung, die es nicht
gelernt hat, das, was ihr erzählt wird, auf seinen Wahrheitsgehalt
hin zu überprüfen. Wie sonst wäre es möglich, dass ein Präsident, der mit Steuergeldern Großbanken vor der Pleite gerettet
und zugelassen hat, dass der Rest von uns 12 Billionen Dollar an
investierten Geldern, Pensionsrückstellungen und Immobilien-
werten verloren hat, ein Sozialist genannt wird?

Früher war es so, dass wenn jemand keine Ahnung hatte und
Unsinn verzapfte, niemand ihm Beachtung schenkte. Das gilt
nicht mehr. Heute werden solche Leute von konservativen Politikern und Ideologen als »wirkliche Amerikaner« gefeiert, die ihr
Land vor einem übermächtigen Staat und vor einer liberalen Bil-
dungselite schützen. Die Presse macht Interviews mit ihnen und
referiert ihre »Meinungen« allen Ernstes, ohne den Schwachsinn, den sie von sich geben, Schwachsinn zu nennen. Die Pro-
pagandisten, die diese »wirklichen Amerikaner« im Dienst
mächtiger Finanzinteressen manipulieren, wissen, dass man diesen Leuten alles Erdenkliche einreden kann, auch weil für Ignoranten und Eiferer Lügen stets glaubhafter klingen als die Wahrheit:

Christen werden in diesem Land verfolgt.
Der Staat nimmt euch eure Schusswaffen weg.
Obama ist ein Moslem.
Die Klimaveränderung ist ein Popanz.
Der Präsident will beim Militär die offene Homosexualität ein-
führen.
An Schulen wird linke Indoktrinierung betrieben.

Leistungen aus der Sozialversicherung sind Subventionen an die Armen, genauso wie die Sozialhilfe.

Obama hasst die Weißen.

Das Leben auf der Erde existiert seit 10 000 Jahren, und so alt ist auch das Universum.

Das soziale Netz verstärkt die Armut.

Der Staat nimmt euch Geld weg und schmeißt es sexhungrigen Studentinnen in den Rachen, die damit ihre Verhütungsmittel finanzieren.

Man könnte ohne weiteres noch viele aberwitzige Weisheiten aufführen, die Amerikaner für wahr halten. Virulent gehalten werden sie von Hunderten medialer Sprachrohre der politischen und religiösen Rechten, deren Aufgabe es ist, für ihr zuschauendes und zuhörendes Publikum eine alternative Realität zu fabrizieren.»Dummheit ist manchmal die größte geschichtliche Triebkraft«, hat Sidney Hook einmal gesagt. Was wir in diesem Land erleben, ist der Aufstand der Dummen gegen den Intellekt. In diesem Sinn machen sich Politiker beliebt, welche gegen Lehrer wettern, die ihre Schüler angeblich gegen die Werte der Elterngeneration indoktrinieren, während Politiker, die sich fähig zeigen, ernsthaft und selbständig nachzudenken, auf Ablehnung stoßen. Bei all ihrer Großmäuligkeit kann man sich doch darauf verlassen, dass diese Tölpel immer gegen ihre eigenen Interessen wählen werden. Und das ist für mich der Grund dafür, dass Millionen Dollar investiert werden, um die Ignoranz meiner Mitbürger zu perpetuieren.

Aus dem Amerikanischen von Karl Heinz Siber

Dieser Artikel wurde am 20.März 2012 in der *The New York Review of Books* veröffentlicht.

Vereinigtes Königreich / Großbritannien

Alida Bremer:
Während ich Jeremy Adlers in deutscher Sprache verfassten Text lese, lasse ich im Hintergrund über *YouTube* eine der vielen Versionen von *Jerusalem* erklingen, dankbar für Adlers Erklärungen zu diesem Gedicht und zu dem Lied. Seine Frage,»wie sich jedoch Englands Mythos eines siegreichen, glücklichen und heilbringenden Inselvolks mit der Idee eines Vereinten Europas verbinden lässt?«, scheint mir plötzlich einfach zu beantworten: *Ja* zu allen positiv besetzten Mythen, solange sie zum gemeinsamen kulturellen Erbe Europas gehören. Wer möchte schon ein Europa ohne William Blake? Hoffentlich vermissen all diese Britinnen und Briten, die so inbrünstig *Jerusalem* singen, dann und wann einen Dichter, Musiker, Philosophen, Schauspieler oder Maler vom Kontinent!

Michael Krüger:
»Ich lasse nicht vom Streit des Geists,/Noch schläft mein Schwert in meiner Hand,/Bis wir erbaut Jerusalem/auf Englands grün und holdem Land.« Das himmlische Jerusalem in London ist schwer vorstellbar, und schon gar nicht ohne Europa und den Kontinent. Athen oder Jerusalem, hieß einmal die Frage. Und nach dem Brexit?

Jeremy Adler
Einsames England

Nach Ende des Zweiten Weltkriegs veröffentlichte der Schriftsteller und Übersetzer Hans Feist im Züricher Verlag Amstutz, Herdeg & Co eine Anthologie mit dem Titel *Ewiges England*. Sie enthält fast dreihundert Gedichte sowie Auszüge aus längeren Dichtungen von Geoffrey Chaucer bis T. S. Eliot. Dieses Buch, das ich als Erbstück des Prager Dichters Franz Baermann Steiner besitze, gehört zu meinen liebsten Werken. Die voluminöse, auf feinem Papier gedruckte Sammlung zog schon in meiner Kindheit meine Aufmerksamkeit auf sich. Wie solche Texte im allgemeinen unsere Identität formen, hat diese Anthologie mein sprachliches Doppelwesen mitgestaltet. Die herrliche Auswahl von Gedichten wie John Donnes »Lied« – *Go and catch a falling star* (»Fange du den Stern im Fallen«) – und Samuel T. Coleridges *Kubla Khan* besticht durch ihre Intelligenz und durch ihre Schönheit. Man begreift, warum der englische Dramatiker Christopher Fry das Talent Hans Feists so sehr schätzte. Dieses Buch, das mich so sehr ergriff, leistete einen entscheidenden Beitrag zum Verständnis zwischen Deutschen und Engländern nach einem langen, bitteren Krieg. Dadurch trug es, wie nur die Poesie es vermag, zur Gestaltung einer neuen Epoche bei, die mit dem Austritt Britanniens aus der Europäischen Union ein Ende nahm.

Ungefähr in der Mitte der Sammlung steht das Gedicht, unter dem Titel *Jerusalem* bekannt, das unter allen lyrischen Werken und weit mehr als die Nationalhymne in der Vertonung von Sir Hubert Parry die Identität der Inselbewohner bestimmt. Bei vielen öffentlichen Veranstaltungen gesungen, auch zu unzähligen anderen Anlässen angestimmt, erhellt William Blakes lyrisches Gedicht besser als jegliche Erklärung, was es bedeutet, Engländer zu sein. Einprägsame Formulierungen wie »*England's green and pleasant land*« bürgen für eine bestechend liebliche Heimat. Sind verwandte Hymnen auf Deutsch oder Französisch entweder nationalistisch, aufwieglerisch oder gar blutrünstig, so wirkt Blakes Wortschau, wenn auch kräftig, doch unschuldig, liebenswürdig und von echtem religiösem Pathos getragen.

Jerusalem

Schritt dieser Fuß in alter Zeit
Nicht über Englands grüne Höhen?
Und ward das heilige Gotteslamm

Auf Englands holder Flur gesehen?

Und neigte Gottes Angesicht
Sich über den umwölkten Höhen?
Und ward Jerusalem hier erbaut
Inmitten schwarzer Höllentiegel?

Bringt meines Bogens güldnen Brand!
Bringt meiner Sehnsucht Pfeilesspitzen!
Bringt meinen Speer! Weich Wolken Wand!
Bringt mein Gespann aus Flammenblitzen!

Ich lasse nicht vom Streit des Geists,
Noch schläft mein Schwert in meiner Hand,
Bis wir erbaut Jerusalem
auf Englands grün und holdem Land.

Der Sinn des Liedes, in Blakes großem Gedicht über den Dichter
und Revolutionär John Milton enthalten, beruht auf der Legen-
de, der junge Jesus habe im Laufe einer Weltreise England besucht und im Ort Glastonbury Halt gemacht. Dieser Besuch gilt
als Prophezeiung eines weiteren Akts, in ferner Zukunft gelegen,
da Jesus im Sinne biblischer Vorstellungen auf der grünen Insel
im Norden die heilige Stadt Jerusalem errichten wird. Blakes
schlichtes Lied verbindet Religion und Nationalität, Kämpfertum
und Geistigkeit, Geschichte und Gegenwart, Geographie und
Phantasie sowie Revolution und Eschatologie. Trotz seiner An-
mut nahm es aber nur langsam seine zentrale Stellung im Leben
der Nation ein. Erst 1916 wurde der Text allbekannt, als ihn der
Poet Laureate Robert Bridges während des Ersten Welkriegs in
einer zwecks Hebung der Volksstimmung zusammengestellten
Anthologie abdruckte. Seitdem reüssierte *Jerusalem* im ganzen
politischen Spektrum, von den Rechten bis zu den Linken. Im
Wahlkampf 1945 benutzte die Labour Party das Lied gleichsam

als Manifest, um die Errichtung eines neuen Jerusalems auf den Trümmern der alten Welt zu fordern. Kein geringerer als der englische König George V. verstand, dass es wichtiger war als die Nationalhymne. Ja, es wird in Kirchen als Hymne gesungen, am letzten Abend der Promenadenkonzerte gespielt und selbst vor großen sportlichen Ereignissen wie etwa der Londoner Olympischen Spiele vom erregten Publikum mit Inbrunst laut gesungen. Nur in einem solchen Symbol vermag das Volk die Kluft zwischen den Klassen, zwischen Armut und Reichtum zu überwinden, die das Land ansonsten im gemeinen Leben zu zerreißen drohen würde. So avancierte *Jerusalem* – so heißt es – zur »Alternativhymne der Nation.« Wie sich jedoch Englands Mythos eines siegreichen, glücklichen und heilbringenden Inselvolks mit seiner geographischen, politischen und kulturellen Lage in Europa verbinden läßt, bleibt auch weiterhin die Frage.

Zypern

Alida Bremer:
In den Gedichten von Eftychia Panayiotou spielen Schicksalsgöttinnen in den Ländern des arabischen Mittelmeers mit gezinkten Würfeln und Fliegen drehen sich summend im Kreis. Im Schulhof begegnet man dem antifaschistischen Priester Don Pietro Pellegrini und nochmals schlägt die Stunde Null des europäischen Kontinents.

Michael Krüger:
Durch das letzte Land in unserem OSZE – Alphabet geht eine Mauer.
Wie gut, dass wir nicht abergläubig sind.

Eftychia Panayiotou

Versuch zur Freiheit

Mit zerlöchertem Körper,
zitternd zischender Zündschnur,
ein Pyrotechniker das Gedicht.

Schwarze Rauchschwaden spuckten es aus. Die Moiren
spielten
mit gezinkten Würfeln
– Algerien, Tunesien, Ägypten –
blind berauscht, weißgebürstetes Himmel und Hölle.
Sagten, wir gehen durch Ertrinken drauf.

Doch nur die Wörter gingen unter.
Deine kindlichen Augen entsinnen sich
einer Explosion. Des Fiebers
der Toten,
das stetig stieg.

Und aus der Tiefe hörst du
das aufgekratzte Glas –

Der Rhetor

Schön warst du; wie ein ertrunkener Grieche schön.
Dein Lachen stieg bis zur Kehle hinauf.
Unschlüssig noch, wie es dir das Herz zerdrücken wird:
Im Schraubstock oder ertränkt im Wein.

Doch du stößt mit deinem Glas an,
ein Reigen deine Scherze, und schwingst Reden.
Du sagst, im Schweiße meines Angesichts,
und streichst durch deinen grau melierten Bart.

Schön warst du; wie verwundete Saat schön.
In deinen Augen irrlichterten aufgeschreckt zwei Tiere,
Scheusale, und kläfften immerfort die
Welt an.

Unbeugsam warst du nur im Gedicht.
Im Bardenvers, wohin man uns verführte.
Wenn du vom Berg her zu uns herunterpfiffst,
war es, um

die Hand

in die durchlöcherte Tasche zu stecken,
zu erfassen das Paradies.
Flöte, die dich verriet
– und der du nicht verziehen.

Heiße Luft die Zigaretten, die du drehst,

damit sich auch die Fliegen des Dorfes
summend im Kreise drehen.

Pfeifend im Schulhof des Vaterlands

Es versteckte sich hinter uns.
Ein Geschmiere der Erinnerung.
Ob wir zurückblicken oder vorwärtsschreiten,
beständig verhört uns sein quadratischer Mund
und das lichte Licht hüten wir tiefer noch in uns.

Als Kinder ohne Stimme
ein Denkmal errichteten wir der Musik.
Als Kinder ohne Massaker,
mit Mündern, die im Chor auseinanderklaffen
wie kugelrunde Löcher.

Wir spielen Pantomime. Dass das Schweigen davonkommt
und Don Pietro den Kirchenpartituren entrinnt.

Doch der Schrecken ein Denunziant mit Tasten.

Sie setzen ihn uns direkt vor die Nase.
Weil er Fußball spielte und Priester war.

Welch schöne Dissonanz.

Aus dem Neugriechischen von Theo Votsos

Im Gedicht »Pfeifend im Schulhof des Vaterlands« wird auf den Priester
Don Pietro Pellegrini verwiesen, eine Hauptfigur in Roberto Rosselinis
neorealistischem Spielfilm »Rom, offene Stadt« aus dem Jahre 1945.

Alle drei Gedichte sind der Gedichtsammlung Χορευτές (Tänzer) entnommen (Kedros Verlag, Athen 2014).

Anhang

Dank

Eine Anthologie mit Beiträgen aus 57 Ländern ist ein kühnes Unterfangen. In jedem Land eine Autorin, einen Autor zu finden, die oder der einen geeigneten Beitrag beisteuern konnte, war eine große Herausforderung. In einem Land, das so groß ist wie die Vereinigten Staaten von Amerika, mit einer Einwohnerzahl von geschätzt gut 325 Millionen, gibt es natürlich mehr Literaten als etwa in einem Staat wie die Vatikanstadt mit einer Einwohnerzahl von etwa 600 Staatsangehörigen. Die Unterschiede werden genauso deutlich, wenn wir uns die Fläche der Russischen Föderation anschauen (17.098.200 km²) und diese mit dem Territorium der Republik San Marino vergleichen (61 km²).

Der Literaturkanon lässt sich nicht gern aus der Ruhe bringen: Länder wie Großbritannien, Spanien, Italien, Deutschland, Russland oder Frankreich – um nur einige zu nennen – halten uns wohlgemut ihre Dichterfürsten entgegen, die in alle Sprachen der Welt übersetzt sind, während etwa Mazedonien, Kasachstan, die Mongolei oder Georgien ihre Schätze nicht selten noch anpreisen müssen. Aber eine Anthologie ist eben immer auch eine Entdeckungsreise! Und so sehr sich die Länder, aus denen die in diesem *florilegium* versammelten Autorinnen und Autoren stammen, unterscheiden – so erstaunlich sind die unvermuteten Ähnlichkeiten, die die verschiedenen Beiträge miteinander verbinden.

Damit wir auch in den Ländern mit weniger bekannten Literaturen die bedeutendsten zeitgenössischen Autorinnen und Autoren ansprechen konnten, waren wir auf die Hilfe verschiedener Kenner der internationalen Literaturszene angewiesen, denen wir von Herzen danken möchten: Eva Karadi (*Lettre International*, Budapest), Katrin Thomaneck (Europäische Gesellschaft der Autoren, Paris und Berlin), Luise Grinschgl (Kulturvermittlung Steiermark, Graz), Alexandra Büchler (Literature Across Frontiers, Wales), Heiko Strunk und Juliane Otto (Haus für Poesie, Berlin), Armin Öhri (Autor, Vaduz), Petra Hall (*Riviera-Côte d'Azur-Zeitung*, Nizza), Nigora Abdukodirova (Goethe-Institut Taschkent), Lucia Cecchetti (Biblioteca di Stato San Marino), Andrej Lovšin (Traduki, Berlin), Sárosdi-Davaakhuu Ganbold (*Lettre International*, Ulaanbaatar), Jeton Neziraj (Autor, Prishtina/Priština), Juta Pīrāga (Latvian Literature Centre, Riga), Brigitte Burgmann (KulturKontakt Austria, Wien), Zaure Batayeva (Übersetzerin, Brüssel), Markus Jaroschka (*Lichtungen*, Graz), Roman Simić (Festival of the European Short Story, Zagreb), Johannes Riis (Verlag Gyldendal, Kopenhagen).

Unser Dank gilt insbesondere auch dem Auswärtigen Amt und dem Bundesminister des Auswärtigen, Frank-Walter Steinmeier, der dieses Buch möglich gemacht hat. Frau Christine Buchheit vom Auswärtigen Amt in Berlin danken wir sehr herzlich für ihre kompetente und unermüdliche Hilfe, sowie ihren Kolleginnen und Kollegen im Ausland, die an der Zusammenstellung der Anthologie mitgewirkt haben. Zudem bedankt sich Alida Bremer beim Ministerium für Familie, Kinder, Jugend, Kultur und Sport des Landes NRW und beim Europäischen Übersetzer-Kollegium NRW in Straelen für die Unterstützung.

Der größte Dank gilt der Lektorin des Propyläen Verlags, Tanja Ruzicska, für die liebevolle, fachkompetente und engagierte Begleitung der Entstehung dieser Anthologie.

Alida Bremer und Michael Krüger

Die Autoren

Abdughaffor Abdujabborov / Tadschikistan / S. 174

Abdugaffor Abduschabborow, geboren 1956, schreibt Prosa und
Theaterstücke und ist auch als Übersetzer tätig. Zahlreiche Werke der Weltliteratur wurden von ihm ins Tadschikische übertragen. Er ist Mitglied der Akademie der Künste Tadschikistans und
hat zahlreiche Publikationen vorgelegt: Erzählungen, Kurzgeschichten, Dramen, Skizzen, Übersetzungen. Eine Reihe seiner
Erzählungen und Geschichten wurden ins Russische, Usbekische, Kirgisische, Kasachische, Indische und Englische übersetzt.

Azam Abidov / Usbekistan / S. 194

Azam Abidov (Aazam Abidov, A'zam Obid), geboren 1974 in Namangan, ist Poet, Übersetzer und Autor von Kurzgeschichten.
Der Mitbegründer des Creative Writing and Translation Club ist
Mittler zwischen Welt- und usbekischer Literatur. Er schreibt sowohl in usbekischer als auch in englischer Sprache. 2004 gastierte er als Creative Writing Fellow an der University of Iowa (USA).
Seine Gedichte und Übersetzungen sind in zahlreichen Anthologien und in vielen Online-Zeitschriften erschienen.

Jeremy Adler / Vereinigtes Königreich / Großbritannien S. 205

Jeremy Adler, geboren 1947 in London, ist Professor Emeritus
für Germanistik und Senior Research Fellow an King's College
London. Der Fellow am Wissenschaftskolleg zu Berlin ist seit
2005 Mitglied der Deutschen Akademie für Sprache und Dichtung. Er veröffentlichte verschiedene Gedichtbände und wissen-

schaftliche Werke, darunter Essays, Editionen und Monographien. Zuletzt erschien sein Roman *The Magus of Portobello Road* (Alphabox Press 2015) und sein Essay *Das bittere Brot* (Wallstein Verlag 2015).

Eugenijus Ališanka / Litauen / S. 100

Eugenijus Ališanka, geboren 1960 in Barnaul / Russland, lebt seit 1962 in Vilnius und gilt als einer der wichtigsten zeitgenössischen Dichter Litauens. Er studierte Mathematik, publizierte sechs Lyrikbände, zahlreiche Essays sowie Übersetzungen aus dem Englischen, Polnischen, Russischen und Slowenischen. Sein Werk wurde etwa ins Englische, Französische, Polnische, Schwedische, Russische, Finnische und Deutsche übersetzt und vielfach ausgezeichnet. Auf Deutsch sind unter anderem erschienen: *aus ungeschriebenen geschichten* (DuMont Verlag 2005), *Die Rückkehr des Dionysos* (Athena-Verlag 2008), *Exemplum* (Suhrkamp Verlag 2011).

Ingvar Ambjørnsen / Norwegen / S. 131

Ingvar Ambjørnsen, geboren 1956 in Tønsberg, lebt und schreibt seit 1985 in Hamburg. Er ist Autor zahlreicher Romane, Kinder- und Jugendbücher, Theaterstücke und Sachbücher und wurde in Norwegen mit mehreren Literaturpreisen ausgezeichnet. Besonders bekannt sind seine – auch verfilmten – Romane über den Sonderling Elling. Der Kinohit ist eine der erfolgreichsten norwegischen Romanverfilmungen. Zuletzt erschien: *Aus dem Feuer* (Edition Nautilus 2016).

Gun G. Ayurzana / Mongolei / S. 120

Gun G. Ayurzana, geboren 1970 in Bajanchongor, studierte am Maxim Gorki Literaturinstitut in Moskau. Als Journalist arbeitete er für die größte mongolische Tageszeitung *Ardyn Erkh*, bis er 2000 freier Autor wurde. 2009 wurde er mit dem wichtigsten Kulturpreis in der Mongolei ausgezeichnet. Er schreibt Gedichte, Erzählungen und Romane, sein noch nicht ins Deutsche übersetzter Roman *Die Schamanenlegende* gilt als eines der wichtigsten und meistgelesenen Werke der zeitgenössischen mongolischen Literatur.

Lukas Bärfuss / Schweiz / S. 158

Lukas Bärfuss, geboren 1971 in Thun, lebt als Schriftsteller und Dramaturg in Zürich. Im Wallstein Verlag wurden von ihm die Romane *Hundert Tage* (2008), *Koala* (2014) und der Essayband *Stil und Moral* (2015) veröffentlicht, 2017 wird sein neuer Roman *Hagard* erscheinen. Seine Theaterstücke (unter anderem *Die sexuellen Neurosen unserer Eltern*, 2003; *Alices Reise in die Schweiz*, 2005) werden weltweit gespielt. Sein Werk wurde vielfach ausgezeichnet, darunter mit dem Berliner Literaturpreis 2013 und dem Schweizer Buchpreis 2014. Seit 2015 ist Lukas Bärfuss Mitglied der Deutschen Akademie für Sprache und Dichtung.

Rumena Bužarovska / Mazedonien / S. 109

Rumena Bužarovska, geboren 1981 in Skopje, ist Autorin von drei Erzählbänden: *Gekritzel* (*Čkrtki* Ili-Ili 2007), *Weisheitszahn* (*Osmica* Blesok 2010) und *Mein Mann* (*Mojot maž* Blesok 2014, Ili-Ili 2015) sowie einer Untersuchung zum Humor in der zeitgenössischen amerikanischen und mazedonischen Kurzgeschichte

(*What's Funny: Theories Of Humor Applied To The Short Story* Blesok 2012). Sie ist Assistenzprofessorin für Amerikanische Literatur an der staatlichen Universität in Skopje. Ihre Erzählungen wurden in viele Sprachen übersetzt.

Mircea Cărtărescu / Rumänien / S. 143

Mircea Cărtărescu, geboren 1956 in Bukarest, veröffentlicht seit 1978 Lyrik und Prosa. Sein Werk wird in zahlreiche Sprachen übersetzt und ist vielfach ausgezeichnet, zuletzt mit dem Leipziger Buchpreis zur Europäischen Verständigung 2014 sowie in Österreich mit dem Staatspreis für europäische Literatur. Von ihm zu lesen ist unter anderem bei Suhrkamp *Nostalgia* (1997/2009), *Travestie* (2010) und bei Zsolnay die „Orbitor"-Trilogie *Die Wissenden* (2007), *Der Körper* (2011) und *Die Flügel* (2014). Im Frühjahr 2016 sind die Erzählungen *Die schönen Fremden* erschienen.

Javier Cercas / Spanien / S. 171

Javier Cercas, geboren 1962 in Ibahernando in der spanischen Extremadura, lebt als Schriftsteller, Publizist und Universitätsdozent in Gerona. Mit seinem dritten Roman *Soldaten von Salamis* (Berlin Verlag 2002) gelang ihm der internationale Durchbruch. Für *Der falsche Überlebende* (S. Fischer 2017), erhielt er unter anderem den Prix du livre européen 2016 und den chinesischen Taofen-Preis 2015 für das beste ausländische Buch. Sein Werk ist in mehr als dreißig Sprachen übersetzt.

Tatev Chakhian / Armenien / S. 23

Tatev Chakhian, geboren 1992 in Jerewan, der Hauptstadt Armeniens, ist Dichterin und visuelle Künstlerin. Sie transformiert ihre Poesie in mixed-media-Kollagen, Installationen, Videoarbeiten und in street art, wobei sie mit Komponisten und bildenden Künstlern zusammenarbeitet. Ihre erste Gedichtsammlung *UnI-Dentical* ist im Jahr 2016 erschienen. Ihre Arbeiten wurden ins Englische, Deutsche, Polnische, Französische und Persische übersetzt. Für ihre Lyrik wurde sie vielfach ausgezeichnet.

Christos Chryssopoulos / Griechenland / S. 64

Christos Chryssopoulos, geboren 1968 in Athen, befasst sich mit verschiedenen Formen und Techniken der Literatur sowie der Photographie. Für seine literarischen Arbeiten ist er bisher unter anderem mit dem Preis der Akademie von Athen (2008) sowie dem internationalen Balkanika-Preis (2015) ausgezeichnet worden. Er ist Mitglied des Europäischen Kulturparlaments (ECP). Seine Bücher sind bisher in zwölf Sprachen erschienen, er publiziert regelmäßig in den Zeitschriften *Poiitiki* und *Athens Review of Books*.

Stefan Chwin / Polen / S. 137

Stefan Chwin, geboren 1949 in Danzig, ist Schriftsteller und Literaturhistoriker. Er gilt als ein bedeutender Chronist der deutsch-polnischen Geschichte in Danzig. Für seine Romane und Essaybände wurde er vielfach ausgezeichnet. In deutscher Sprache sind von ihm die Romane *Tod in Danzig* (Rowohlt 1997), *Die Gouvernanten* (Rowohlt 2000), *Der goldene Pelikan* (Hanser 2005) erschienen sowie *Ein deutsches Tagebuch* (edition.fotoTA-

PETA 2015) und das Sachbuch *Stätten des Erinnerns. Dresdner Poetikvorlesungen* (Thelem 2005).

Liliana Corobca / Moldawien / Republik Moldau / S. 113

Liliana Corobca, geboren 1975 in Săseni, in der Provinz Călărași, Moldawien, ist Literaturwissenschaftlerin und Schriftstellerin und lebt in Bukarest. Sie hat mehrere Bücher über die Zensur der Literatur im kommunistischen Rumänien veröffentlicht. 2011 erschien ihr Roman *Ein Jahr im Paradies* (Merz & Solitude) auf Deutsch, im Herbst 2015 ist bei Zsolnay der Roman *Der erste Horizont meines Lebens* erschienen.

Hélène Dorion / Kanada / S. 78

Hélène Dorion, geboren 1958 in Québec Stadt, hat zahlreiche Bücher veröffentlicht, darunter Lyrikbände, Romane, Essays und Kinderbücher, für die sie vielfach ausgezeichnet wurde, unter anderem mit dem Prix Mallarmé, dem Prix Senghor und dem kanadischen Prix du Gouverneur général. Ihre Dichtungen provozieren immer wieder eine Auseinandersetzung mit der Umwelt und der eigenen Person. Ihre Bücher wurden in über fünfzehn Sprachen übersetzt. Sie ist Mitglied der Académie des Lettres du Québec.

Inga Gaile / Lettland / S. 92

Inga Gaile, geboren 1976 in Riga, ist Dichterin, Theaterautorin und -regisseurin. Sie veröffentlichte bisher fünf Gedichtbände und wurde 2015 mit dem Lettischen Literaturpreis ausgezeichnet. Ihr Debutroman *Stikli* (*Glasscherben*, noch nicht ins Deutsche übersetzt) – ein Beitrag zu dem Romanprojekt *Més. XX gadsimts* (Wir. Das 20. Jahrhundert) – erschien 2016. Einige ihrer Gedichte wurden ins Englische, Deutsche, Schwedische, Litauische und in Bengali übersetzt. Als Übersetzerin überträgt Inga Gaile Gedichte ihrer russischsprachigen Landsleute ins Lettische.

Karl-Markus Gauß / Österreich / S. 134

Karl-Markus Gauß, geboren 1954 in Salzburg, wo er heute lebt und die Zeitschrift *Literatur und Kritik* herausgibt. Seine Bücher wurden in zahlreiche Sprachen übersetzt und vielfach ausgezeichnet, unter anderem mit dem Prix Charles Veillon, dem Vilenica-Preis und dem Johann-Heinrich-Merck-Preis. Er ist Mitglied der Deutschen Akademie für Sprache und Dichtung. Im Zsolnay Verlag in Wien erschienen zuletzt *Das Erste, was ich sah* (2013) sowie *Der Alltag der Welt* (2015). Im Frühjahr 2017 wird sein Reisebuch *Zwanzig Lewa oder tot* erscheinen.

Georgi Gospodinov / Bulgarien / S. 42

Georgi Gospodinov, geboren 1968 in Jambol, ist Lyriker, Prosaautor und Dramatiker. Sein 1999 veröffentlichtes Debüt *Natürlicher Roman* (Droschl 2007) wurde in mehr als zwanzig Sprachen übersetzt. Der Roman *Physik der Schwermut* (Droschl 2014), für den er 2016 den Jan Michalski Preis erhielt, stand auf der Shortlist für den Brücke Berlin Preis und den Internationalen Literaturpreis Haus der Kulturen der Welt. Georgi Gospodinov hatte die Siegfried-Unseld-Gastprofessur an der Humboldt-Universität zu Berlin inne und schreibt regelmäßig Kolumnen für die Deutsche Welle.

Adrian Grima / Malta / S. 106

Adrian Grima, geboren 1968 auf Malta, gehört zu den großen Dichtern des Mittelmeers. Seine Texte gelten als poetischer Kommentar und intellektuelle Analyse aktueller politischer Entwicklungen. Er wurde für seine Gedicht- und Erzählbände mit zahlreichen Preisen ausgezeichnet. Ausgewählte Sammlungen seiner Poesie sind in mehreren Sprachen erschienen. Grima unterrichtet Maltesische Literatur und Darstellungen des Mittelmeers an der Universität von Malta. 2017 erscheinen einige seiner Gedichte in der Sammlung Last-ditch Ecstasy (Midsea Books).

Jens Christian Grøndahl / Dänemark / S. 46

Jens Christian Grøndahl, geboren 1959 in Lyngby. Sein umfangreiches Werk (Romane, Essays, Theaterstücke) wurde in mehr als 25 Sprachen übersetzt. Er erhielt in Dänemark zahlreiche Preise und Auszeichnungen; in Frankreich wurde ihm für seinen Beitrag zur französischen Literatur die Auszeichnung Chevalier de l'ordre des Arts et des Lettres verliehen. Für die NZZ schrieb er regelmäßig Kommentare zu Zeitfragen. In deutscher Sprache sind von ihm erschienen: Indian Summer (Peperkorn 1996), Schweigen im Oktober (Zsolnay 1999), Lucca (Zsolnay 2002), Tage im März (Kiepenheuer & Witsch 2011).

Stefan Hertmans / Belgien / S. 33

Stefan Hertmans, geboren 1951 in Gent, ist der Autor eines umfangreichen belletristischen und essayistischen Œuvres, das international große Beachtung fand. In seinen Romanen behandelt er stets aktuelle Themen, phantasievoll umgesetzt und vielfach ironisch gebrochen. Im August 2014 erschien sein vielgelobter

Roman *Der Himmel meines Großvaters* (Hanser), in dem er Leben und Leiden seines Großvaters in den flämischen Schützengräben des »Großen Krieges« beschreibt. *The New York Times Book Review* erklärte diesen Roman nach seiner Veröffentlichung in den USA zu einem der zehn besten Bücher des Jahres 2016.

Saša Ilić / Serbien / S. 161

Saša Ilić, geboren 1972 in Jagodina / Serbien. Er studierte an der Philologischen Fakultät in Belgrad. Bisher veröffentlichte er drei Erzählbände und die beiden noch nicht ins Deutsche übertragenen Romane *Berlinsko okno* (*Berliner Fenster*, 2005) und *Pad Kolumbije* (*Der Fall der Raumfähre Columbia*, 2010). Einige seiner Texte wurden ins Französische und Deutsche übersetzt. Bis Ende 2013 war er einer der vier Herausgeber der kritischen serbischen Zeitung *BETON*. Gemeinsam mit Alida Bremer gründete er im Dezember 2013 *BETON International*.

Viktor Jerofejew / Russland / Russische Föderation / S. 147

Viktor Jerofejew, geboren 1947 in Moskau als Sohn einer Diplomatenfamilie. Sein erster Roman *Die Moskauer Schönheit* (S. Fischer 1989) wurde inzwischen in 27 Sprachen übersetzt. In deutscher Sprache sind von ihm zahlreiche Romane, Erzähl- und Essaybände erschienen. Jerofejew ist unter anderem der Herausgeber der ersten russischen Nabokov-Ausgabe und schreibt regelmäßig als Kolumnist und Essayist für renommierte Zeitungen, darunter *Die Zeit*, die *Frankfurter Allgemeine Zeitung* und *Die Welt* sowie die *New York Times*. Zuletzt erschien 2013 in deutscher Übersetzung sein Historien-Science-Fiction-Roman *Die Akimuden* (Hanser), eine literarische Satire auf Russland.

Nermin Kamal / Aserbaidschan / S. 26

Nermin Kamal, geboren 1981 in Baku, studierte an der Staatlichen Universität Baku Philosophie und promovierte zur Geschichte der Philosophie. Sie schreibt Romane, Gedichte, Essays, Erzählungen und journalistische Texte. Ihre Studie *Umberto Eco und postmoderne Philosophie* (2008) wurde in Aserbaidschan mit zahlreichen Preisen ausgezeichnet. Nermin Kamal übersetzt außerdem wissenschaftliche Texte und international bedeutende Werke ins Aserbaidschanische, unter anderem von Jacques Derrida, Michel Foucault und Umberto Eco.

Aigul Kemelbayeva / Kasachstan / S. 82

Aigul Kemelbayeva, geboren 1965 in Kundyzdy, Ost-Kasachstan, ist eine kasachische Schriftstellerin, Literaturwissenschaftlerin, Drehbuchautorin, Essayistin und Übersetzerin. Sie hat über zweihundert literaturwissenschaftliche Artikel und Essays verfasst und mehrere Bücher veröffentlicht. Ihre Werke sind ins Russische, Türkische und Aserbaidschanische übersetzt worden. Sie hat zahlreiche Literatur- und Buchpreise erhalten.

Katja Kettu / Finnland / S. 56

Katja Kettu, geboren 1978 in Rovaniemi, ist eine der wichtigsten Autorinnen Finnlands. Ihren literarischen Durchbruch hatte sie mit dem Roman *Wildauge* (Kiepenheuer & Witsch 2014), der wochenlang auf Platz 1 der finnischen Bestsellerliste stand, in zwanzig Sprachen übersetzt und zudem verfilmt wurde. Sie ist Animationsregisseurin für einige Kurzfilme verantwortlich und drehte Musikvideos, darunter auch die ihrer eigenen Band *Confusa*, in der sie als Sängerin tätig ist. Als Kolumnistin ist sie außerdem für verschiedene Zeitungen und Zeitschriften tätig gewesen. Für ihr literarisches Werk wurde sie mit mehreren Preisen ausgezeichnet.

Anna Kordsaia-Samadaschwili / Georgien / S. 61

Anna Kordsaia-Samadaschwili, geboren 1968 in Tiflis, lebt und arbeitet als Autorin, Übersetzerin, Professorin und Kulturjournalistin in Tbilissi, wo sie an der Ilia State University Literatur und Kreatives Schreiben lehrt. Sie wurde mit verschiedenen georgischen Literaturpreisen ausgezeichnet. Außerdem übersetzt sie aus dem Deutschen ins Georgische, etwa Cornelia Funke oder Elfriede Jelinek, deren *Liebhaberinnen* sie ebenfalls übersetzte und dafür vom Goethe-Institut Tiflis ausgezeichnet wurde. Auf Deutsch sind von ihr im Hans Schiler Verlag der Erzählband *Ich, Margarita* (2013) und *Wer hat die Tschaika getötet?* (2016) erschienen.

Peter Krištúfek / Slowakei / S. 164

Peter Krištúfek, geboren 1973 in Bratislava, Schriftsteller und Regisseur, ist Autor von elf Prosabänden und einer Gedichtsammlung. Sein erster, nicht ins Deutsche übertragener Roman *Šepkár* (*Der Einflüsterer*, 2008) war für den *Prix du livre Européen* nominiert, ein Auszug wurde in der amerikanischen Anthologie *Best European fiction 2010* publiziert. Der Roman *Dom hluchého* (*Im Landhaus des Tauben*, 2012) ist bereits in englischer, tschechischer, polnischer, arabischer und amharischer Übersetzung erschienen. Neben anderen sind auch eine niederländische und eine deutsche Ausgabe in Vorbereitung.

Arian Leka / Albanien / S. 13

Arian Leka, geboren 1966 in Durrës, schreibt Poesie, Prosa, Essays und Kinderbücher. Er gehört zu jener Gruppe von Autoren, die nach der Grenzöffnung Albaniens den Platz an der Spitze der albanischen Literatur eingenommen haben. Leka hat auf sein Land und seinen Geburtsort aufmerksam gemacht, indem er die maritime Geschichte und die Symbole der albanischen Zivilisation in einen Verbindungsknoten seines Werkes verwandelt hat. Sein Werk umfasst 16 Bücher, die mehrfach ausgezeichnet wurden. Er ist Herausgeber der Literaturzeitschrift *Poeteka*, ein Partnerprojekt des Kulturmagazins *EUROZINE*. Auf Deutsch erschienen von ihm die Bücher *Die löchrige Seele flicken* (Tirana 2009) und *Ein Buch. Ein Meer* (Ottensheim 2012).

Ana Marques Gastão / Portugal / S. 140

Ana Marques Gastão, geboren 1962 in Lissabon, ist Dichterin, Literatur- und Kunstkritikerin, Essayistin und stellvertretende Leiterin der Zeitschrift *Colóquio/Letras*. Zudem war sie lange Zeit als Redakteurin im Kulturbereich tätig. Ihre Gedichte sind in zahlreiche Sprachen übersetzt worden. Die Autorin ist in vielen Anthologien vertreten und publizierte in Brasilien auch eine persönliche Textsammlung.

Meikel Mathias / Liechtenstein / S. 97

Meikel Mathias, geboren 1985 in Aachen, wuchs in Liechtenstein auf. Nach seinem Studium an der Kunsthochschule Berlin-Weißensee arbeitet er heute als freiberuflicher Illustrator, Graphiker und Comiczeichner, unter anderem auch in der Funktion als Leiter verschiedener Workshops. 2011 gewann er den

Förderpreis für Junge Kultur Liechtenstein. Nach einer Comicreportage über Marokko sowie verschiedenster künstlerischer Arbeiten, unter anderem im Kunstmuseum Liechtenstein, arbeitet er zurzeit an einer *graphic novel*, welche sich mit den Ländern der ehemaligen Sowjetunion auseinandersetzt.

Tamás Miklós / Ungarn / S. 189

Tamás Miklós, geboren 1955 in Budapest, lehrt Philosophie an der Eötvös Loránd Universität Budapest. Er führt seit 1990 den Atlantisz Wissenschaftsverlag und arbeitet als Autor und Übersetzer. 1981 gründete er *Bärentanz* (*Medvetánc*), die erste zensurfreie sozialwissenschaftliche Zeitschrift Ungarns seit 1956, die bis 1990 ein Forum für gesellschaftliche Reformgedanken war. Auf Deutsch erschien zuletzt *Der kalte Dämon. Versuche zur Domestizierung des Wissens* (C.H. Beck 2016).

Margriet de Moor / Niederlande / S. 128

Margriet de Moor, geboren 1941 in Noordwijk, ist eine der bedeutendsten niederländischen Autorinnen der Gegenwart. Sie studierte Klavier und Gesang, bevor sie sich dem Schreiben zuwandte. Bereits ihr erster Roman *Erst grau dann weiß dann blau* (Hanser 1993) wurde ein sensationeller Erfolg. Heute sind ihre Romane und Erzählungen in alle Weltsprachen übersetzt. Ihr Werk erscheint im Hanser Verlag, zuletzt *Der Maler und das Mädchen* (2011), *Mélodie d'amour* (2014) und *Schlaflose Nacht* (2016). Margriet de Moor lebt in Amsterdam.

Andrej Nikolaidis / Montenegro / S. 125

Andrej Nikolaidis, geboren 1974 in Sarajevo, Bosnien und Herzegowina. Er wuchs als Kind einer montenegrinisch-griechischen Familie in Sarajevo auf und lebt heute in Montenegro, wo er zu den wichtigsten zeitgenössischen Autoren zählt. Nikolaidis ist für seine schonungslosen Anti-Kriegs-Reportagen und sein bedingungsloses Eintreten gegen Nationalismus und für Menschenrechte bekannt. Er gilt als einer der einflussreichsten Intellektuellen in Südosteuropa. Nikolaidis ist Schriftsteller und Publizist, er veröffentlichte mehrere Romane und einen Kurzgeschichtenband. Für den Roman *Der Sohn* (Voland & Quist 2015) erhielt er 2011 den Literaturpreis der Europäischen Union.

Eiríkur Örn Norðdahl / Island / S. 72

Eiríkur Örn Norðdahl, geboren 1978 in Reykjavík. Er gilt als das vielversprechendste junge Talent in der isländischen Literatur. Der auch als Übersetzer und Kolumnist tätige Autor ist äußerst produktiv: Seit 2001 erschienen acht Gedichtbände und vier Romane. 2012 erhielt er für den international viel beachteten Roman *Böse* (Klett-Cotta 2014) den Isländischen Literaturpreis. Er experimentiert auch mit Sound-, Video- und Bildpoesie und nimmt weltweit an Literaturfestivals teil.

Rolf Palm / Monaco / S. 117

Rolf Palm, geboren 1932 in Köln, lebt in Monte Carlo. Er arbeitete viele Jahre als Reporter, unter anderem beim *Kölner Stadt-Anzeiger* und beim *Stern*. Als Buchautor veröffentlichte er *Ich schenk dir Monte-Carlo* (Bertelsmann 1974), *Die Sarazenen* (Econ Verlag 1978) und *Die Brücke von Remagen* (Scherz 1985, auch als Bühnendrama). Seit 1974 lebt er in Monaco und arbeitet als Kolumnist bei der *Riviera Côte d'Azur Zeitung*. Aktuell in Arbeit ist seine Autobiographie mit dem Titel: *Morgen war immer ein schönerer Tag*.

Eftychia Panayiotou / Zypern / S. 209

Eftychia Panayiotou, geboren 1980 in Nikosia, studierte Philosophie und Neugriechische Philologie. Sie veröffentlichte die bisher nicht ins Deutsche übertragenen Gedichtbände *Μέγας κηπουρός* (*Großer Gärtner*, Koinonia ton (de)katon, 2007), *Χορευτές* (*Tänzer*, Kedros 2014) und *Μαύρη Μωραλίνα* (*Schwarze Moralina*, Kedros 2015). Sie übersetzte Ann Sextons *Liebesgedichte* (Melani 2010) sowie Gedichte von Anne Carson, deren Erscheinen in Vorbereitung ist. In den letzten Jahren erforscht sie die Grenzen der Dichtung, wobei sie auch mit anderen Kunstformen (Video, Musik) experimentiert.

Paolo di Paolo / Italien / S. 75

Paolo di Paolo, geboren 1983 in Rom. Neben Kinderbüchern und Theaterstücken schrieb er vor allem zahlreiche Romane: *Raccontami la notte in cui sono nato* (2008), *Dove eravate tutti* (2011, ausgezeichnet mit dem Premio Mondello), *Mandami tanta vita* (2013, Finalist für den Premio Strega), *Una storia quasi solo d'amore* (2016). Viele seiner Werke entstanden aus Gesprächen: etwa mit Dacia Maraini, Raffaele La Capria, Antonio Tabucchi oder Nanni Moretti. Sein Werk wurde in verschiedene europäische Sprachen übersetzt und erscheint in Italien bei Feltrinelli.

Eeva Park / Estland / S. 52

Eeva Park, geboren 1950 in Tallinn, ist seit 1985 freie Autorin
(Prosa, Lyrik, Dramatik, Essay) und übersetzt aus dem Finnischen. Sie ist Mitorganisatorin des Nordischen Lyrikfestivals und
Herausgeberin einer estnisch-finnischen Lyrikanthologie. Ihre
Werke wurden in mehrere Sprachen übersetzt, in Deutschland
erschienen der für den Brücke Berlin Preis 2012 nominierte Roman *Falle, unendlich* (Ihleo Verlag 2008) sowie drei Erzählungen
(in Literaturzeitschriften). Sie erhielt zahlreiche Stipendien und
Preise.

Agneta Pleijel / Schweden / S. 155

Agneta Pleijel, geboren 1940 in Stockholm, ist Schriftstellerin.
Sie war unter anderem Präsidentin des Schwedischen P.E.N.,
Professorin für Creative Writing, Literaturkritikerin und Essayistin. Sie schreibt Dramen, Gedichte und Romane, die in mehr als
zwanzig Sprachen übersetzt wurden. Ihr letzter Roman aus dem
Jahr 2015, dessen englische Veröffentlichung in Vorbereitung ist
(*A Fortune fortold. A Girl's Memoirs* Other Press 2017), wurde von
den Lesern begeistert aufgenommen und in Schweden für den
renommierten August-Preis nominiert.

Jean Portante / Luxemburg / S. 103

Jean Portante, geboren 1950 in Differdingen, Sohn italienischer
Einwanderer, ist preisgekrönter Autor von mehr als vierzig Büchern – Gedichtbände, Romane, Essays, Theaterstücke –, die in
zahlreiche Sprachen übersetzt wurden. Unter anderem wurde er
mit dem Prix Mallarmé (2003) und mit dem luxemburgischen
Prix national (2011) ausgezeichnet. Im Herbst 2015 erschien

sein Roman *L'architecture des temps instables* (Éditions phi), für den er den Prix Servais erhielt. Auf Deutsch sind *Die Arbeit des Schattens* (Éditions phi 2005) und *Erinnerungen eines Wals* (Gollenstein Verlag 2006) zu lesen.

Aleś Razanaŭ / Belarus / S. 29

Aleś Razanaŭ, geboren 1947 in Sialec/Belarus, lebt in Minsk. In deutscher Übersetzung liegen folgende Gedichtbände vor: *Zeichen vertikaler Zeit* (Agora 1995), *Tanz mit den Schlangen* (Agora 2002), *Hannoversche Punktierungen* (Revonnahg 2002), *Das dritte Auge* (Engeler 2007). Bei Lohvinaŭ liegt vor: *Lehm. Stein. Eisen* (2013), *So dachte ich mir Flügel aus – da sind sie* (2014), *Auf dieser Erde* (2015), *Die Stimmen suchen, was ist* (2016). Razanaŭ, der mit Stipendien mehrere Jahre in Deutschland, Österreich und der Schweiz verbrachte, erhielt 2003 in Wien den Herder-Preis.

Paolo Rondelli / San Marino / S. 152

Paolo Rondelli, geboren 1963 in San Marino, war Vertreter seines Landes bei zahlreichen internationalen Organisationen und ist unter anderem Generaldirektor der Kultureinrichtungen der Republik San Marino. Er veröffentlichte Arbeiten auf dem Gebiet der Sozial- und Gegenwartsgeschichte. Kürzlich wurden in San Marino zwei Stücke von ihm uraufgeführt: *Promemoria per i miei figli* (*Notiz für meine Kinder*) und *Il Titano si racconta* (*Der Monte Titano erzählt*).

Jaroslav Rudiš / Tschechische Republik / S. 176

Jaroslav Rudiš, geboren 1972 in Turnov, ist Schriftsteller, Drehbuchautor und Dramatiker. Sein Roman *Grand Hotel* (Luchterhand 2008) wurde 2006 verfilmt. Bei Voland & Quist erschien 2013 die Graphic Novel *Alois Nebel*, die ebenfalls verfilmt wurde. 2012/13 hatte Rudiš die Siegfried-Unseld-Gastprofessur an der Humboldt-Universität zu Berlin inne. Zusammen mit dem Zeichner und Musiker Jaromir 99 gründete er die Kafka Band, die mit einer Mischung aus Musik, Literatur und Videokunst durch Mitteleuropa tourt. Seine Werke wurden in zahlreiche Sprachen übersetzt.

Ivana Sajko / Kroatien / S. 89

Ivana Sajko, geboren 1975 in Zagreb, ist Autorin, Dramatikerin und Regisseurin. Ihre Theaterstücke wurden in zahlreiche Sprachen übersetzt und auf internationalen Bühnen gespielt. Sie wurde mit wichtigen Preisen ausgezeichnet, unter anderem für den Roman *Rio Bar* (Matthes & Seitz 2008). Für ihr Werk erhielt sie die Medaille des *Chevalier de l'ordre des Arts et des Lettres*. Beim Frankfurter Verlag der Autoren veröffentlichte sie 2008 und 2012 zwei Dramentrilogien, außerdem ist von ihr in deutscher Sprache der Essay *Auf dem Weg zum Wahnsinn (und zur Revolution)* erschienen (Matthes & Seitz 2015).

Albert Salvadó / Andorra / S. 20

Albert Salvadó, geboren 1951 in Andorra la Vella (Andorra). Er schreibt auf Katalanisch und Spanisch. Für seine Romane, Essays und Kurzgeschichten wurde er mit diversen renommierten Preisen ausgezeichnet, zuletzt für sein gesamtes literarisches Leben mit dem *Premi El Ví Fa Sang* (2016). Sein Werk wurde in zahlreiche Sprachen übersetzt, er wird als der Erneuerer des historischen Romans in der katalanischen Literatur betrachtet.

Peter Schneider / Deutschland / S. 49

Peter Schneider, geboren 1940 in Lübeck, wuchs in Freiburg auf. Er schrieb Erzählungen, Romane, Drehbücher und Reportagen sowie Essays und Reden. Seine Erzählung *Lenz* (Rotbuch Verlag 1973) wurde zum Kultbuch vor allem linker Intellektueller. Seit 1985 unterrichtet Peter Schneider als Gastdozent unter anderem in Stanford, Princeton und Harvard. Seit 1996 lehrt er als *Writer in Residence* an der Georgetown University in Washington D.C. Zuletzt erschienen: *Die Lieben meiner Mutter* (Kiepenheuer & Witsch 2013) und *An der Schönheit kann's nicht liegen*, (Kiepenheuer & Witsch 2015).

Bekim Sejranović / Bosnien und Herzegowina / S. 38

Bekim Sejranović, geboren 1972 in Brčko / Bosnien und Herzegowina. Während des Krieges im ehemaligen Jugoslawien zum Staatenlosen und Deserteur geworden, wanderte er 1993 nach Norwegen aus. Er hat eine Sammlung von Kurzgeschichten, vier Romane, eine theoretische Studie über den Modernismus sowie ein Drehbuch verfasst. Außerdem ein Dutzend Übersetzungen aus dem Norwegischen ins Kroatische. Seine Erzählungen, Romanfragmente und Romane wurden in zahlreiche Sprachen übersetzt. Er lebt ein Nomadenleben mit Stützpunkten in Zagreb und Oslo sowie am Fluss Save auf seinem Schiff.

Charles Simic / Vereinigte Staaten von Amerika / USA / S. 200

Charles Simic, geboren 1938 in Belgrad, kam 1954 in die USA und lehrte Amerikanische Literatur und Kreatives Schreiben an der Universität von New Hampshire. Er schreibt Gedichte und Essays etwa für *The New York Review of Books*. Im Jahr 2007 bekam er die Ehrenbezeichnung *United States Poet Laureate*, die höchste Auszeichnung für Lyrik in den USA. Er hat diverse Bände mit Gedichten veröffentlicht, die unter anderem mit dem Pulitzer-Preis ausgezeichnet und in viele Sprachen übersetzt wurden. In deutscher Sprache erschien zuletzt der Gedichtband *Picknick in der Nacht* (Hanser 2016).

Ece Temelkuran / Türkei / S. 181

Ece Temelkuran, geboren 1973 in Izmir, ist Juristin, Schriftstellerin und Journalistin. Sie ist Autorin mehrerer Romane und Sachbücher. Nach zwanzig Jahren journalistischer Tätigkeit verlor sie 2012 ihre Stelle auf Grund der politischen Repression in ihrem Land. Ihre Artikel wurden international publiziert, etwa im *Guardian*, in der *New York Times*, in *Le Monde Diplomatique*, in der *New Left Review* und in der *FAZ*. Ihr Roman *Was nützt mir die Revolution, wenn ich nicht tanzen kann?* (Hoffmann und Campe 2014) erschien bereits in acht Ländern, mit ihrem neuesten Buch *Euphorie und Wehmut* (Hoffmann und Campe 2015) erreichte sie international ein breites Publikum.

Dalmira Tilepbergenova / Kirgisistan / S. 85

Dalmira Tilepbergenova, geboren 1967 in Semenovka, arbeitet als Dichterin, Journalistin und Filmemacherin. Ihr letzter Spielfilm *Under Heaven* (2015) wurde in Indien als »Best Asian Film«

ausgezeichnet und in Montreal zum besten Debut-Spielfilm gewählt. Tilepbergenova ist derzeit Präsidentin des Zentralasiati-
schen P.E.N. 2005 initiierte sie das internationale Forum »Frau-
en und Zensur« für Autorinnen aus Europa und Zentralasien.

Colm Tóibín / Irland / S. 68

Colm Tóibín, geboren 1955 in Enniscorthy, County Wexford,
veröffentlichte mehrere Sachbücher und acht Romane. Bei Hanser erschienen zuletzt *Brooklyn* (2010), *Marias Testament* (2014),
Liebe und Tod (Hanser-Box 2014), und der in Deutschland hoch
gefeierte Roman *Nora Webster* (2016). Seine Bücher wurden mit
zahlreichen Preisen ausgezeichnet, unter anderem mit dem IM-
PAC-Preis. Tóibín ist Mellon Professor in the Humanities an der
Columbia University in New York und freier Redakteur der *London Review of Books*.

Goran Vojnović / Slowenien / S. 168

Goran Vojnović, geboren 1980 in Ljubljana, ist Autor, Theater-
schriftsteller und Filmregisseur. Er hat bei mehreren Kurzfilmen
und zwei Spielfilmen, *Piran Pirano* und *Čefurji raus!*, Regie geführt. Letzterer entstand nach seinem gleichnamigen und erfolg-
reichen literarischen Erstling, der ihm 2009 den slowenischen
Kresnik-Preis für den besten Roman des Jahres eintrug. Erneut
erhielt das Enfant terrible diesen Preis 2013 für seinen zweiten
Roman, *Jugoslavija, moja dežela*, der 2016 unter dem Titel *Vaters
Land* (Folio Verlag) erschienen ist. Sein dritter, noch nicht ins
Deutsche übersetzter Roman (2016) trägt den Titel *Figa (Die Fei-
ge)*. Vojnović betreut eine wöchentliche Kolumne in der Zeitung
Dnevnik.

Monsignore Mirosław Wachowski / Vatikan / Heiliger Stuhl / S. 197

Mirosław Stanisław Wachowski, geboren 1970 in Pisz, Polen, wurde am 15. Juni 1996 zum Priester geweiht. Nach seinem Eintritt in den diplomatischen Dienst des Heiligen Stuhls arbeitete er als Apostolischer Nuntius im Senegal, bei der Permanenten Mission des Heiligen Stuhls bei den Internationalen Organisationen in Wien und in der Apostolischen Nuntiatur in Polen. Zurzeit ist er im Vatikanischen Staatssekretariat in der Sektion für die Beziehungen mit den Staaten tätig.

Cécile Wajsbrot / Frankreich / S. 58

Cécile Wajsbrot, geboren 1954 in Paris, studierte Romanistik und Komparatistik. Sie lebt in Paris und in Berlin als freie Schriftstellerin und Übersetzerin – sie hat Texte etwa von Virginia Woolf, Marcel Beyer oder Peter Kurzeck ins Französische übertragen. 2016 erhielt sie den Prix de l'Académie de Berlin. Im Wintersemester 2014/2015 war sie Gastprofessorin an der Freien Universität Berlin. In deutscher Übersetzung erschienen unter anderem *Aus der Nacht* (Liebeskind 2008) und bei Matthes & Seitz *Die Köpfe der Hydra* (2012), *Für die Literatur* (2013) und *Eclipse* (2016).

Serhij Zhadan / Ukraine / S. 186

Serhij Zhadan, geboren 1974 im Gebiet Luhansk in der Ostukraine, studierte Germanistik, wurde über den ukrainischen Futurismus promoviert und gehört seit 1991 zu den prägenden Figuren der jungen Szene in Charkiw. Er debütierte als Siebzehnjähriger und publizierte zwölf Gedichtbände und sieben Prosawerke. Für *Die Erfindung des Jazz im Donbass* (Suhrkamp

2012) wurde er mit dem Jan-Michalski-Literaturpreis und mit dem Brücke Berlin Preis 2014 ausgezeichnet. Die *BBC* kürte das Werk zum »Buch des Jahrzehnts«. Beim Suhrkamp Verlag sind weitere Romane, Erzählungen, Gedichte und Essays in deutscher Sprache erschienen.

Die Herausgeber

Alida Bremer

Alida Bremer, geboren 1959 in Split, Kroatien, ist Autorin, Übersetzerin und Literaturwissenschaftlerin. Sie übersetzte zahlreiche Romane, Theaterstücke, Gedichtbände und Essays aus dem Kroatischen ins Deutsche, verfasste eine komparatistische Studie zum postmodernen Kriminalroman und veröffentlichte Erzählungen, Essays und Gedichte. Ihr Roman *Olivas Garten* erschien 2013 beim Eichborn Verlag.

Michael Krüger

Michael Krüger, geboren 1943 in Wittgendorf, Sachsen-Anhalt, war als Buchhändler, Literaturkritiker, Herausgeber und Lektor tätig und langjähriger Verleger der Carl Hanser Literaturverlage. Er schreibt Gedichte, Erzählungen, Romane und veröffentlicht Übersetzungen. Für sein schriftstellerisches Werk erhielt er zahlreiche Auszeichnungen. Zuletzt erschien von ihm der Roman *Das Irrenhaus* (Haymon 2016).

Frank-Walter Steinmeier

Flugschreiber
Notizen aus der
Außenpolitik in
Krisenzeiten

Gebunden mit Schutzumschlag.
Auch als E-Book erhältlich.
www.propylaeen-verlag.de

Frank-Walter
Steinmeier
Flugschreiber
Notizen aus der
Außenpolitik
in Krisenzeiten

**»*Zu viele sind mit dem Streichholz unterwegs, anstatt
den Feuerlöscher zu benutzen.*«**
Frank-Walter Steinmeier

Frank-Walter Steinmeier, einer der erfahrensten Au-
ßenpolitiker unseres Landes, gibt Einblick in seine politischen Prägungen, seine Handlungsmaximen und
sein Verständnis von Deutschlands Rolle in der Welt.
Zugleich wirft er einen Blick hinter die Kulissen der Diplomatie und berichtet von Begegnungen und Erleb-
nissen aus zwei Jahrzehnten in der deutschen Außenpolitik. Ein hochaktuelles Buch, das den Leser mitten
hineinführt in die Konfliktherde der Welt.

PROPYLÄEN VERLAG